SPINNEN

Das neue kompakte Bestimmungsbuch

Ken Preston-Mafham

KÖNEMANN

Original title: Spiders

Bonner Str. 126, D-50968 Köln
Übersetzung aus dem Englischen:
Dr. Monika Niehaus (für Lektoratsbüro Bleil)
Redaktion und Satz der deutschen Ausgabe:
Lektoratsbüro Bleil
Druck und Bindung: Sing Cheong Printing Co. Ltd.
Printed in Hong Kong, China

ISBN 3-8290-1299-3

10 9 8 7 6 5 4 3 2 1

Inhalt

Einleitung

Spinnen gibt es überall, in jedem Garten und jedem Hinterhof. Häuser sind der Wohnsitz mehrerer höchst urbaner Spinnentypen, und die Zahl der Spinnen in einer Wiese kann in die Millionen gehen. Spinnen leben an Teichen und Seen, aber auch in der Wüste, wo sie der Trockenheit entkommen, indem sie sich in kühle Höhlen tief unter der sonnendurchglühten Oberfläche zurückziehen. Selbst die unwirtlichen Hänge des Mount Everest in 6000 m Höhe bieten Spinnen, die nur dort zu finden sind, eine Heimat.

Bisher sind fast 40.000 Spinnenarten beschrieben worden, und man schätzt, daß dies nur ein Viertel der Artenzahl insgesamt ist. In Europa, wo das Sammeln und die Erforschung von Spinnen eine lange Tradition hat, gibt es mehr als 3000 Arten. In Nordamerika liegt die Zahl bisher deutlich niedriger, doch ständig werden neue Arten beschrieben.

Was ist eine Spinne?

Häufig werden Spinnen fälschlicherweise als Insekten bezeichnet. Spinnen und Insekten sind beide Gliederfüßer (Arthropoden), haben sonst aber wenig gemein. Arthropoden sind Tiere mit gelenkig verbundenen Beinen und einem festen Außenskelett, dem Exoskelett.

Weberknecht, der von einigen Milben als Transportvehikel benutzt wird.

Samtmilbe

Skorpion

Wächst ein Arthropode, schlüpft er aus seinem zu eng gewordenen Exoskelett; diese Häutung kann sich mehrmals im Leben wiederholen. Insekten tragen am Kopf stets ein Paar Antennen, ihr Körper ist dreigeteilt (Kopf, Thorax und Abdomen), und sie haben sechs Beine. Spinnen tragen niemals Antennen, haben acht Beine, und ihr Körper ist zweigeteilt: Kopf und Brust sind zum Cephalothorax (oder Prosoma) verschmolzen, an das sich das Abdomen (oder Opisthosoma) anschließt.

Spinnen gehören zur Klasse der **Arachnida (Spinnentiere)**, die weitere, spinnenartige Formen umfaßt. **Weberknechte** (Ordnung *Opiliones*) z. B. haben meist lange, dünne Beine und einen recht kleinen, runden Körper. Das Abdomen sitzt dem Cephalothorax in voller Breite an; bei den Spinnen gibt es einen dünnen Verbindungsstiel. Weberknechte haben zwei Augen, oft auf einem Hügel sitzend, Spinnen dagegen meist acht Augen, einige sechs und ganz wenige nur zwei (aber nie auf einem Hügel). **Milben** und **Zecken** (Ordnung *Acari*) sind überwiegend sehr klein, und es ist fast unmöglich, Kopf, Thorax und Abdomen voneinander abzugrenzen.

Skorpione (Ordnung *Scorpiones*) sind leicht an ihrem langen Schwanz mit dem Stachel an der Spitze und ihren großen, scherenbewehrten Kiefertastern zu erkennen. **Walzenspinnen** (Ordnung *Solifugae*) – die Sprinter unter den Arachniden – laufen auf nur sechs ihrer acht Beine und benutzen das Vorderpaar als Fühler. **Geißelskorpione** (Ordnung *Uropygi*) zählen weniger als 100 Arten. Sie laufen

Walzenspinne

Geißelskorpion

ebenfalls auf nur sechs ihrer acht Beine. Ihr Hinterleib ist deutlich unterteilt. Sie haben meist scherenartige Pedipalpen und einen langen, peitschenartigen Schwanz, können aber nicht stechen. Den **Geißelspinnen** (Ordnung *Amblypygi*) fehlt der Schwanz, und sie sind stärker abgeflacht als Geißelskorpione. Kopf und Thorax sind breit, und das Abdomen ist mit einem Stiel angeheftet. Alle Beine sind schlank und werden seitlich abgespreizt; das vordere Paar ist besonders dünn und peitschenartig und dient nicht zum Laufen.

Der Körper der Spinne

Wie bereits erwähnt, teilt sich der Körper in den **Cephalothorax** und das **Abdomen**. Die Oberseite des Cephalothorax ist von einer harten Platte, dem **Carapax** bedeckt. Darauf sitzen die Augen. Diese sind einfach gebaut und leuchten im Licht einer Taschenlampe auf, was hilfreich für die nächtliche Spinnensuche ist. Unten am Kopf liegen die beiden **Kieferklauen** oder **Cheliceren**. Sie bestehen aus einem kräftigen, feststehenden Grundglied und einer zahnartigen, beweglichen Kieferklaue. Bei den meisten Spinnen endet in der Spitze ein Giftdrüsenkanal, mit dem Gift in die Beute injiziert wird. Der **Mund** liegt über der Unterlippe, dem **Labium**. Spinnen tröpfeln große Mengen Verdauungssaft auf

Geißelspinne, die eine Schabe erbeutet hat.

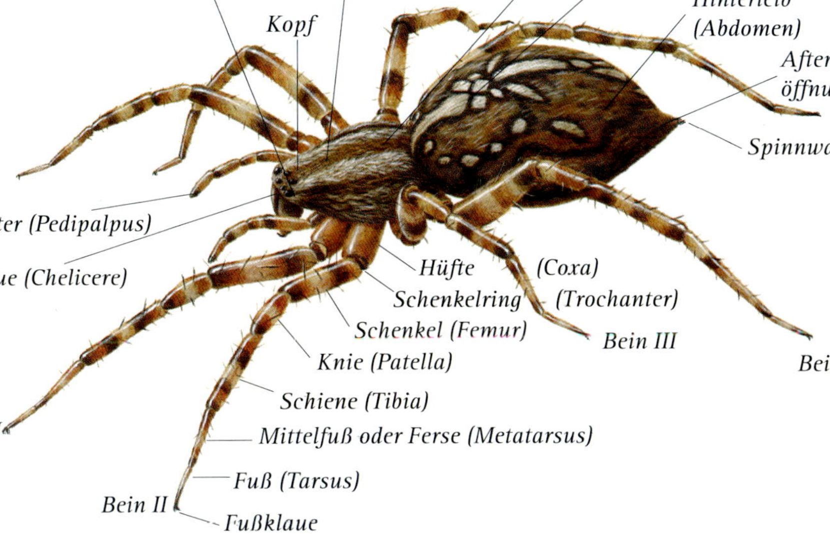

ihre Beute (alle Spinnen leben räuberisch), so daß sich deren Weichteile verflüssigen. Zudem ist das Grundglied der Cheliceren häufig mit Zähnchen besetzt, die die Beute zu einem Brei zermalmen können. Dieser wird dann mit Hilfe kräftiger Saugpumpen in den Magen gesogen. Einige Spinnen (z. B. Krabbenspinnen, Familie *Thomisidae*) pumpen Verdauungssaft in ihre Beute und saugen die entstehende Flüssigkeit auf; zurück bleibt nur deren praktisch intaktes Exoskelett.

Zwischen den Kieferklauen und dem ersten Beinpaar liegen die mehrgliedrigen, gelenkigen **Pedipalpen** (oft nur **Palpen** genannt). Bei Weibchen sowie juvenilen Spinnen sind sie dünn und ähneln kleinen Beinen. Bei Männchen ist die Spitze stark vergrößert und oft komplex gebaut. Bevor sich ein Männchen auf die Suche nach einem Weibchen macht, webt es ein kleines Netz, auf das es aus der Geschlechtsöffnung auf der Unterseite des Abdomens, einen Spermatropfen absetzt, den es dann in die Pedipalpen hineinsaugt. Bei der Paarung werden diese dann in die weibliche Geschlechtsöffnung **(Epigynum)** eingeführt.

Das Abdomen ist relativ weich und flexibel. In der Nähe des Hinterendes liegen die Spinnwarzen, die je nach Zweck verschiedene Arten von Spinnfäden produzieren: als Hülle für die Eier, zum Einwickeln der Beute oder als Spiralfäden für ein Radnetz. Viele Spinnen ziehen ständig ein dünnes Seil aus einer der Spinnwarzen als eine Art Sicherheitsleine hinter sich her. Die Spinnseide wird als Flüssigkeit aus speziellen Drüsen ausgeschieden, härtet aber schnell, wenn sie gedehnt wird. Bei einigen Spinnen (den sog. Kräuselfadenweberinnen oder Cribellaten) liegt direkt vor den Spinnwarzen eine flache, siebartige Platte, das **Cribellum**. Dazu tragen diese Spinnen auf dem Metatarsus des 4. Beinpaares eine Reihe kleiner Borstenhaare. Mit diesem Bürstenkamm oder **Calimastrum** werden sehr feine, flauschige Fäden aus dem Spinnsieb gezogen; diese bläulichen **Kräusel-** oder **Wollfäden** dienen zum Beutefang.

Zu diesem Buch

Im systematischen Teil dieses Buches wurden die Spinnen in zwei Gruppen eingeteilt: in die Vogelspinnenartigen (Unterordnung Mygalomorphae) und die Webespinnenartige (Unterordnung Araneomorphae), die beide zu den Spinnen (Ordnung Araneae) gehören. Jede Familie wird kurz beschrieben, und für jede Art, die die Familie repräsentiert, erhalten Sie Informationen über allgemeine Merkmale, Lebensweise und Verbreitungsgebiet. Wichtig ist auch die Umgebung einer Spinne. Die Längenangaben beziehen sich auf den Körper ohne die Beine.

Zur Klassifikation von Spinnen

Spinnen werden nach Regeln klassifiziert, die für das gesamte Tierreich gelten. Das System ist hierarchisch; es beginnt mit der größten übergreifenden Gruppe und endet mit der kleinsten Einheit, der Art bzw. Unterart. Für die Gartenkreuzspinne (*Araneus diadematus*) und die Rotknievogelspinne (*Brachypelma smithi*) z. B. würde die Klassifizierung wie folgt aussehen:

Reich: Tierreich
(alle Tiere)

Stamm: Arthropoda (Gliederfüßer)
(alle Tiere mit einem Exoskelett)

Unterstamm: Chelicerata (Scherenfüßer oder Fühlerlose)
(Arthropoden mit unverzweigten Körperanhängen und ohne Antennen)

Klasse: Arachnida (Spinnentiere)
(landlebende Cheliceraten mit vier Beinpaaren)

Ordnung: Araneae
(Spinnen)

Unterordnung: Araneomorphae
(Webespinnenartige)

Familie: Araneidae
(Echte Radnetz- oder Kreuzspinnen)

Gattung: *Araneus*

Art: *diadematus*
(Umgangssprachlicher Name: Gartenkreuzspinne)

Unterordnung: Mygalomorphae
(Vogelspinnenartige)

Familie: Theraphosidae
(Vogelspinnen)

Gattung: *Brachypelma*

Art: *smithi*
(Umgangssprachlicher Name: Rotknievogelspinne)

Die unten abgebildeten Symbole begleiten jeden Eintrag und vermitteln auf einen Blick wichtige Informationen über Lebensweise und Geschlechtsunterschiede jeder Spinnenart.

Wo findet man die Spinne?

 *auf offenem Gelände wie Wiesen, Wüsten, Heidegebieten und Mooren*

 *in Wäldern und auf Waldungen, oft auch auf Lichtungen und entlang der Straße*

 *häufig in Gärten*

 *meist in Gebäuden*

 *meist im oder am Wasser*

Wo sitzt die Spinne wahrscheinlich?

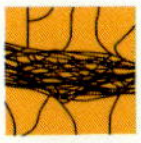 *in einem dichten, deckenartigen Gespinst*

 *in einer seidenausgekleideten Röhre oder Kammer, unter einem Stein, Baumstamm oder z. T. im Boden*

 *in einer Höhle*

 *auf dem Boden*

 *auf Blättern*

 *in einem Radnetz*

 *auf Baumrinde*

 *auf Mauer oder Fels*

 *auf Blütenpflanzen*

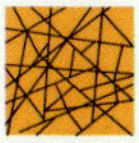 *in einem lockeren, unregelmäßigen Gespinst*

Ähneln sich Männchen und Weibchen in Größe und Färbung?

 *Sie sind sich sehr ähnlich.*

 *Etwas unterschiedlich; hauptsächlich in Zeichnung und Färbung; die Männchen sind kleiner.*

 *Sehr unterschiedlich. Männchen sehen ganz anders aus als Weibchen und könnten für eine andere Art gehalten werden.*

UNTERORDNUNG VOGELSPINNENARTIGE (MYGALOMORPHAE)

Vogelspinnen sind weniger spezialisiert als Vertreter der Unterordnung Webespinnenartige (Araneomorphae), die als weiter entwickelt gelten. Das wichtigste Unterscheidungsmerkmal ist die Stellung der Kieferklauen (Cheliceren). Bei den Vogelspinnen sind die Grundglieder parallel zur Körperlängsachse nach vorn gerichtet; die Klauen liegen nebeneinander und arbeiten unabhängig voneinander.

TAPEZIERSPINNEN FAMILIE ATYPIDAE

Eine kleine Familie kräftig gebauter, glänzender Spinnen, die in seidenausgekleideten Wohnröhren leben. Auf den Grundgliedern ihrer beiden Kieferklauen tragen sie eine Reihe scharfer Zähne, gegen die sich die Klauen schließen. Das erlaubt der Spinne, Löcher in die zähe Seidenauskleidung ihrer Wohnröhre zu schneiden und die Beute hineinzuziehen.

ATYPUS AFFINIS

BESCHREIBUNG: Das 17 mm lange Weibchen (Abbildung) ist eine kräftige, glänzend braune Spinne mit sehr kurzen, gedrungenen Beinen und riesigen, vorstehenden Cheliceren. Es verbringt fast sein ganzes Leben in einer dicht mit Seide austapezierten Wohnröhre, die an den Finger eines Handschuhs erinnert. Diese Wohnröhre liegt frei im Grasboden oder unter einem großen Stein. Wenn ein Insekt über den Seidendeckel krabbelt, wird es von den langen Klauen der Spinne aufgespießt, die „blind", aber sehr zielsicher durch die Seidenauskleidung zuschlagen. *Sphodros rufipes* aus den östlichen USA sieht sehr ähnlich aus, doch ihre Beine sind rötlicher, und ihre Wohnröhre weist einen Abschnitt auf, der sich 20–25 cm den Stamm eines benachbarten Baumes hinaufzieht.

Verbreitung: Große Teile von Europa, nach Süden bis Nordafrika, nach Osten bis Westasien

DOPPELSCHWANZSPINNEN FAMILIE DIPLURIDAE

Die meisten Vertreter dieser kleinen, überwiegend tropischen Familie lassen sich an ihren sehr langen Spinnwarzen erkennen. Diese ragen wie zwei Schwänze über den Hinterleib der Spinne hervor und können mehr als halb so lang wie das Abdomen sein. Diese Spinnen bauen gewöhnlich ein breites, deckenartiges Gespinst, das einen Durchmesser von 1 m erreichen kann; einige Arten leben aber auch in Höhlen in weichem Grund.

ANAME SP.

BESCHREIBUNG: Diese Art baut Höhlen. Das 25 mm lange Männchen (Abbildung) trägt weiter vorne an seinem ersten Beinpaar spezielle Dornen (der linke Dorn ist auf der Abbildung deutlich zu erkennen). Diese Dornen werden bei der Paarung gegen die Kieferklauen des Weibchens gerammt, so daß es nicht zubeißen kann. Nachts wandern die Männchen auf der Suche nach den Höhlen der Weibchen umher. Werden sie angegriffen, richten sie sich mit gespreizten Kieferklauen auf, jederzeit bereit, sich zu verteidigen und zuzuschlagen.

VERBREITUNG: Auf Westaustralien begrenzt, ähnliche Arten treten jedoch auch in anderen Teilen Australiens auf, darunter die braunschwarze, kräftige *Atrax robustus*, die wegen ihres tödlichen Bisses gefürchtet ist.

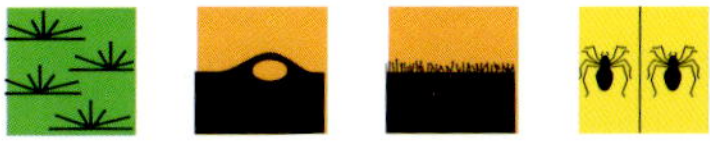

VOGELSPINNEN FAMILIE THERAPHOSIDAE

Zu dieser Familie gehört die größte aller Spinnen, *Theraphosa leblondi*, mit einer Beinspannbreite von 25 cm. Die meisten Vogelspinnen sind sehr stark behaart und können überraschend geschickt glatte Flächen emporklimmen, wobei ihnen die dicken Haarpolster an den Fußspitzen gute Dienste leisten. Die Augen sind klein und stehen eng beieinander. Die meisten Arten leben in Bodenhöhlen, einige jedoch auch auf Bäumen. Zu ihren Beutetieren gehören Eidechsen, Mäuse und sogar kleine Vögel. Vogelspinnen sind hauptsächlich in den Tropen verbreitet; in den USA kommen rund 30 Arten vor, in Europa hingegen keine.

BRACHYPELMA SMITHI

Rotknievogelspinne

BESCHREIBUNG: Die am auffälligsten gezeichnete Vogelspinne; ihre Knie sind kräftig orange oder rot gefärbt. Der Carapax ist schwarz mit breitem, bräunlich-rotem Rand, das Abdomen schwarz oder dunkelbraun. Das Weibchen kann bis zu 75 mm lang werden, das Männchen erreicht hingegen nur eine Länge von 56 mm. Wie die meisten Vogelspinnen sind die erwachsenen Weibchen recht langlebig und verbringen den größten Teil ihres Lebens im Inneren tiefer Höhlen. Der Bestand dieser Art in freier Natur ist durch den Fang großer Mengen erwachsener Tiere für den Handel (siehe das oben abgebildete Exemplar) bedroht.

VERBREITUNG: Mexiko

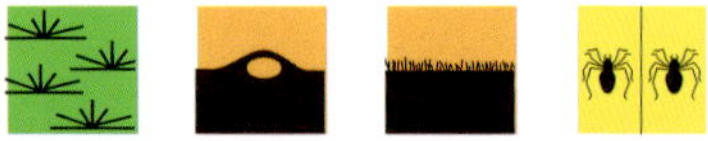

Aphonopelma chalcodes

BESCHREIBUNG: Dies ist eine von 20 Vertreterinnen dieser Gattung, die man in den südwestlichen Staaten der USA findet. Sie ist in den Wüstengebieten von Arizona sehr verbreitet, und in manchen Nächten gehen zahllose Männchen auf Wanderschaft, um nach den Höhlen der Weibchen zu suchen. Die Beine sind dunkel, und der Carapax ist dicht mit sandfarbenen Haaren bedeckt, während das Abdomen nur dünn mit rötlichen Haaren getupft ist, so daß der schwarze Untergrund deutlich durchscheint. Männchen erreichen eine Länge von 44 mm, Weibchen von 56 mm.

VERBREITUNG: Arizona, USA, Nordmexiko

Harpactira gigas

BESCHREIBUNG: Wie die meisten Vogelspinnen ist *Harpactira gigas* selten außerhalb ihrer Höhle zu finden. Wenn sie bedroht wird, richtet sie sich auf, lehnt sich auf ihre Hinterbeine zurück, streckt ihre Vorderbeine zur Seite aus und entblößt ihre Cheliceren, bereit zum Zuschlagen. Sie besitzt jedoch weder große Mengen Gift, noch ist ihr Gift besonders stark. Die langen Spinnwarzen ragen deutlich über das Hinterende des Abdomens hinaus, während der Carapax ein Radspeichenmuster aus braunen Linien auf einem schwarzen Grund aufweist. Männchen können eine Länge von 50 mm, Weibchen von 55 mm erreichen.

VERBREITUNG: Südafrikanische Kapregion, nach Norden bis Transvaal

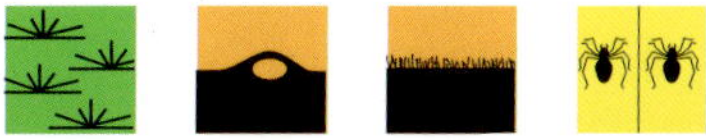

Unterordnung Webespinnenartige (Araneomorphae)

Die Mehrheit der Spinnen – sowohl Arten- als auch Familienzahl betreffend – gehört in diese Unterordnung. Der wichtigste Unterschied zu den Mygalomorphae liegt in der Anordnung der Cheliceren: Die Grundglieder der Webespinnen sind nach unten gerichtet, die Klauen arbeiten gegeneinander. Webespinnen gelten als evolutionsbiologisch fortschrittlicher und können verschiedene Seidenformen produzieren. Die Geschlechtsorgane sind oft sehr kompliziert gebaut.

Speispinnen Familie Scytodidae

Diese Familie sechsäugiger Spinnen läßt sich leicht an der kuppelförmigen Wölbung erkennen, die durch die extreme Vergrößerung des Carapax entsteht. Diese Kuppel dient zur Aufnahme der vergrößerten Giftdrüsen, die nicht nur Gift, sondern auch eine Art Leim produzieren: Die Spinnen können dieses Gemisch aus Gift und Klebefäden auf 1 cm Entfernung auf ihre Beute spritzen und diese so bewegungsunfähig machen.

Scytodes thoracica

Spei- oder Leimschleuderspinne

BESCHREIBUNG: Die Augen dieser unauffälligen und recht langsamen, 6 mm langen Spinne sind in drei Paaren angeordnet. Der gewölbte Carapax ist auf der Abbildung deutlich zu erkennen, ebenso die gelb-schwarz geringelten Beine. Carapax und Abdomen weisen eine schwarze Fleckenzeichnung auf. Wie bei allen Speispinnen üblich, trägt das Weibchen (Abbildung) den Eikokon in seinen Fängen. Diese Art spinnt keine Netze, und man findet sie unter Steinen, in Höhlen und Gebäuden.

VERBREITUNG: Kosmopolitisch

BRAUNSPINNEN FAMILIE LOXOSCELIDAE

Die relativ kleinen, braunen, sechsäugigen Spinnen sehen zwar recht harmlos aus, sind aber berüchtigt wegen der schweren Symptome, die ihre Bisse hervorrufen. Sie bauen zarte, bruchstückhafte Gespinste aus klebriger Seide und bevorzugen dunkle Stellen wie Felsspalten, Scheunen und Häuser. Weltweit gibt es nur einige wenige Arten, die meisten in Nord- und Südamerika.

LOXOSCELES RUFESCENS

BESCHREIBUNG: Die langen Beine, die vom recht schlanken, braunen Abdomen zur Seite abgespreizt werden, sind ein typisches Merkmal dieser Gruppe. Der Carapax trägt eine schwarze Zeichnung, die an eine Violine erinnert. Diese 8 mm lange Art webt ein kleines, deckenartiges Gespinst unter Steinen, in Höhlen und Gebäuden, aber sie geht auch aktiv auf Beutesuche. Sie ist nicht aggressiv und beißt Menschen nur selten. *L. reclusa* aus den USA ist weit giftiger und beißt auch eher; die Bisse können zu schweren geschwürigen Hautveränderungen führen. *L. reclusa* ist größer und gedrungener als *L. rufescens*, und ihr Abdomen glänzt stärker.

VERBREITUNG: Die Art ist ursprünglich in Südeuropa und Nordafrika heimisch, wurde aber vom Menschen in andere Regionen eingeschleppt, so nach Japan, Nordamerika, Australien und Neuseeland, wo sie ideale Lebensbedingungen vorfindet.

ZITTERSPINNEN FAMILIE PHOLCIDAE

Diese Familie verdankt ihren Trivialnamen ihren extrem langen, dünnen Beinen mit den beweglichen Spitzen. Die meisten Arten haben acht Augen, wobei das Paar im Zentrum viel kleiner ist als die übrigen. Einige wenige Arten haben ein Paar Augen verloren und weisen nur noch sechs Augen in zwei Dreiergruppen auf. Weltweit sind mehr als 300 Arten bekannt.

PHOLCUS PHALANGIOIDES

BESCHREIBUNG: Diese 13 mm lange Spinne hängt gewöhnlich tagelang bewegungslos mit dem Rücken nach unten in ihrem zarten, unregelmäßig gewebten Fadengerüst von einer Zimmer- oder Gebäudeecke herab. Das helle Abdomen weist einige dunkle Flecken auf, und der Carapax eine dunkle Zeichnung. Das Weibchen trägt seine Eier – locker in einige Seidenfäden eingehüllt – mit den Cheliceren. Diese Art erbeutet andere Spinnen, darunter auch große, kräftige Winkelspinnen (*Tegenaria spp.*).
VERBREITUNG: Kosmopolitisch, vorwiegend in Gebäuden, Kellern und Höhlen

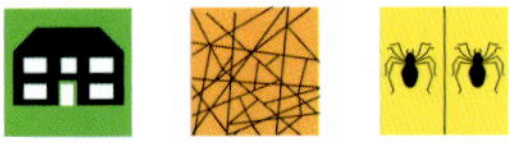

PHYSOCYCLUS GLOBOSUS

BESCHREIBUNG: Das dunkle Abdomen dieser 6 mm langen Spinne ist recht kurz und plump und, von der Seite gesehen, wie ein Dreieck geformt. Die acht Augen liegen dicht zusammen. Über die Mitte des Carapax und weiter bis fast zur Abdomenspitze verläuft ein schwarzes Band. Die Beine sind braun. Die kalifornische Art *P. californicus* trägt auf dem Carapax eine dunkle, Y-förmige Zeichnung und ein Paar dunkler Flecken auf dem Abdomen.
VERBREITUNG: Überall in wärmeren Regionen der Erde, vorwiegend in Gebäuden, Kellern und Höhlen

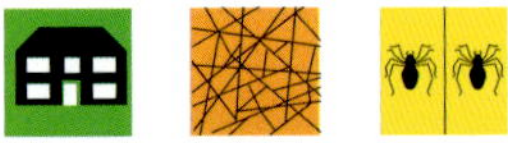

FAMILIE DIGUETIDAE

Diese kleine Familie, die nicht einmal 20 Arten umfaßt, findet man in den Wüstengebieten der USA, in Mexiko und Argentinien. Ihre Vertreter haben sechs Augen, die in drei Gruppen angeordnet sind. Sie weben typische Netze in Wüstengewächsen wie Kreosot-Büschen oder Feigenkakteen. Diese pyramidenförmigen Gespinste lassen sich bereits aus beträchtlicher Entfernung ausmachen.

DIGUETIA CANITIES

BESCHREIBUNG: Der bräunlich-orange gefärbte Cephalothorax ist recht langgestreckt und mit einem Pelz aus sehr kurzen, weißen Haaren bedeckt. Das dicht behaarte Abdomen ist hellbraun und trägt auf der Oberseite eine dunklere, blattartige Zeichnung, die weiß umrandet ist. Die Beine sind überwiegend gelblich-braun. Am einfachsten erkennt man diese 9 mm lange Spinne an ihrem Netz. Dies besteht aus einem Labyrinth von Fäden, die eine Art Kuppel mit einem röhrenförmigen Fortsatz bilden, der reich mit Pflanzenresten dekoriert ist und bei Weibchen die Eikokons enthält. Das Netz wird meist 30–60 cm über dem Boden in Büschen angebracht.
VERBREITUNG: auf die USA beschränkt, von Oklahoma und Texas nach Westen bis Kalifornien, in Wüsten und Halbwüsten

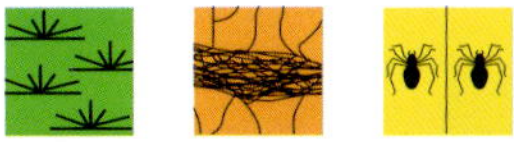

SECHSAUGENSPINNEN FAMILIE DYSDERIDAE

Eine kleine Familie mit sechs eng nebeneinanderliegenden Augen. Statt zwei tragen diese Spinnen vier deutlich erkennbare Atemöffnungen auf der Unterseite des Abdomen. Die Vertreter dieser Familie sind bedächtige, nachtaktive Jäger mit großen Cheliceren.

DYSDERA CROCATA

BESCHREIBUNG: Der Carapax ist kräftig rotbraun, das eiförmige Abdomen hellbraun oder grau gefärbt. Die ziemlich dicken Beine sind rötlich-orange und etwas heller als der Carapax. Die Fänge sind sehr lang, stehen auffällig vor und tragen bei Weibchen zu einer Gesamtlänge von 16 mm, bei Männchen zu einer Länge von 11 mm bei. Die Fänge müssen so groß sein, um den festen Außenpanzer der Kugelasseln, den Hauptbeutetieren dieser Spinnen, durchdringen zu können. Tagsüber ruhen die Spinnen in flachen seidenen Gespinsten unter einem Stein oder einem Baumstamm. Ihr Biß ist schmerzhaft, aber nicht gefährlich; zudem beißen die Spinnen eher selten.

VERBREITUNG: ursprünglich in Europa heimisch, heute aber fast weltweit verbreitet und in Nordamerika häufig

FISCHERNETZSPINNEN FAMILIE SEGESTRIIDAE

Früher zu der vorangegangenen Familie gerechnet, werden diese Spinnen heute in eine eigene, kleine Familie gestellt. Die sechs Augen liegen wiederum eng beieinander, der Körper ist länglich oval, und die vorderen drei Beinpaare werden vorgestreckt, um die Beute zu ergreifen. Die Spinnen leben in Wohnröhren, die sie in Felsspalten, Mauerlöcher oder unter Baumrinde bauen; nachts liegen sie auf der Lauer und schießen heraus, wenn ein Insekt über die seidenen Stolperfäden krabbelt, die vom Eingang der Röhre in alle Richtungen gespannt sind.

SEGESTRIA SENOCULATA

BESCHREIBUNG: Eine Reihe schwarzer Flecken mitten auf dem Abdomen ist ein typisches Merkmal dieser 9 mm langen Spinne. Bei einigen Exemplaren (wie bei dem abgebildeten) verschmelzen die Flecken zu einem ungezähnten dunklen Band. Der dunkle, glänzend braune Carapax ist recht langgestreckt, die Beine sind hellbraun mit einigen dunkelbraunen Ringen. Die Lebensweise dieser häufigen Art entspricht der in der Familienbeschreibung angegebenen. *Ariadna bicolor*, die überall in den USA vorkommt, ist sehr ähnlich gebaut, aber einfarbig dunkelbraun.

VERBREITUNG: Fast überall in Europa und östlich bis nach Japan

FAMILIE DEINOPIDAE

Die Vertreter dieser überwiegend tropischen Familie werden wegen ihrer zwei riesigen, scheinwerferartigen Augen, die drohend aus einem nicht sehr großen Gesicht starren (die anderen sechs Augen sind ausgesprochen klein), auch als die „Spinnen mit dem Menschenfressergesicht“ bezeichnet. Diese Augen verbessern das Sehen im Dunkeln. Die Beute wird mit einem kleinen Netz gefangen, das die Spinne mit beträchtlichem Geschick auswirft. Einige Spinnen fangen fliegende Insekten aus der Luft, andere wiederum werfen ihr Netz nach unten, um auf dem Boden kriechende Insekten zu erbeuten.

DEINOPSIS LONGIPES

BESCHREIBUNG: Tagsüber hockt diese 16 mm lange, sehr schlanke Spinne bewegungslos kopfunter im Gebüsch und ist nur sehr schwer von einem Zweig zu unterscheiden. Nachts webt sie dann ihr seidenes Fangnetz. Sie hält das fertige, zusammengefaltete Netz mit den Spitzen ihrer Vorderbeine und entfaltet es zu seiner vollen Größe, sobald sich ein geeignetes Insekt nähert. *D. spinosa* aus dem Südosten der USA ist ähnlich gebaut, wenn auch etwas größer.

VERBREITUNG: Mittelamerika

KRÄUSELRADNETZSPINNEN FAMILIE ULOBORIDAE

Mehr als 200 Arten von Kräuselradnetzspinnen sind bekannt, hauptsächlich aus den Tropen. Eines der wichtigsten Merkmale dieser Familie ist das Fehlen von Giftdrüsen. Vorhanden sind dafür jedoch ein Spinnsieb und einen Webkamm. Kräuselradnetzspinnen bauen Rad- und Dreiecksnetze, in die sie bläulich schimmernde Kräusel- oder Wollstrangfäden einweben. Bei den meisten Arten sind die Spitzen der Vorderbeine gefiedert.

MIAGRAMMOPES SP.

(neue und bisher unbeschriebene Art)

BESCHREIBUNG: Diese Spinne baut ihr Netz aus einem einzelnen, sehr klebrigen Seidenfäden, wobei ihr Körper einen Teil der Aufhängung bildet. Wenn sich ein Insekt auf der bequemen Sitzstange niederläßt, den dieser Einzelstrang bildet, läßt die Spinne Seidenfaden nach, so daß dieser durchsackt und das Insekt sich darin verfängt. *M. mexicanus* aus Texas verhält sich ebenso.

VERBREITUNG: Indonesien

KRÄUSELSPINNEN FAMILIE DICTYNIDAE

Dies ist mit bisher weltweit über 500 beschriebenen Arten die größte Familie cribellater Spinnen. Die meisten Arten messen 3 mm oder weniger, und die Familie ist überwiegend in den gemäßigten Zonen verbreitet. Die kleinen und recht unregelmäßig gewobenen Netze finden sich an Blättern, Zweigen und in Spalten.

NIGMA PUELLA

BESCHREIBUNG: Das hellgrüne, recht flaumige Abdomen des Weibchens (Abbildung) ist hinten auffällig kastanienbraun gestreift; weiter vorne findet sich ein großer, diamantförmiger Fleck in derselben Farbe. Das rötlich-braune Männchen ist fast so groß wie das Weibchen. Diese Art legt ihre Netze auf der Oberfläche von Blättern an und lebt auf dem gespinstüberdachten Blattgrund. In den USA leben mehr als 150 Arten von Kräuselspinnen; die meisten sind klein und braun, wenn es auch einige recht attraktive überwiegend weiße, gelbe oder rote Arten gibt.

VERBREITUNG: Europa und Nordafrika

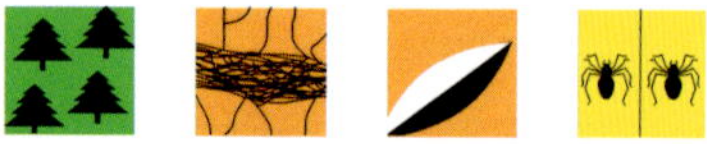

FINSTERSPINNEN FAMILIE AMAUROBIIDAE

Diese Familie, die rund 350 Arten umfaßt, enthält überwiegend braune oder schwarze Spinnen, die oberflächlich den Trichterspinnen der Familie Agelenidae ähneln. Anhand des deutlich sichtbaren Spinnsiebs an der Spitze des Abdomens, das bläulich schimmernde Wollfäden produziert, lassen sich Finsterspinnen jedoch leicht von Trichterspinnen unterscheiden.

AMAUROBIUS FENESTRALIS

Fensterspinne

BESCHREIBUNG: Das Männchen dieser häufigen Art erreicht eine Länge von 8 mm, während das Weibchen (Abbildung) 9 mm lang werden kann und viel dicker ist. Beine und Carapax sind glänzend braun, und die Beine zudem dunkelbraun geringelt. Das Abdomen trägt eine dunkle, goldgerahmte keilförmige Zeichnung. Die lockeren, unregelmäßigen Netze finden sich häufig in Fensternischen, unter Dachvorsprüngen und überall dort, wo es geeignete Spalten gibt, z. B. in den Stämmen alter Bäume. Wie bei vielen anderen Spinnen dient der Körper des toten Muttertieres den Jungen als Leichenschmaus.

VERBREITUNG: Europa und westliches Asien

AMAUROBIUS FEROX

Kellerspinne

BESCHREIBUNG: Die plumpen, 16 mm langen Weibchen findet man gewöhnlich neben ihren weißen Eikokons unter einem Baumstamm, einem Stein oder einer Holzplanke hockend. Der Körper ist sehr dunkel braun gefärbt, und das Abdomen trägt eine gelblich-braune Zeichnung, die entfernt an ein menschliches Gesicht erinnert. Das Männchen ist schlanker und mit 11 mm auch kleiner als das Weibchen (Abbildung).

VERBREITUNG: Europa und Nordamerika; in neuerer Zeit nach Neuseeland eingeführt

LOCHRÖHRENSPINNEN FAMILIE FILISTATIDAE

Diese kleine Familie umfaßt weniger als 50 Arten in den wärmeren Regionen der Welt. Ein Dutzend Arten leben in den USA. Ihr auffälligstes Merkmal ist ihr recht langgestreckter und wie der Bug eines Bootes spitz zulaufender Carapax mit acht eng beieinanderstehenden, auf einer kleinen Erhebung sitzenden Augen. Das Weibchen weist keine Epigyne auf.

KUKULCANIA ARIZONICA

BESCHREIBUNG: Diese Spinne besitzt einen wunderbaren samtschwarzen Schimmer. Der Carapax läuft deutlich spitz zu, und das Männchen ist langbeiniger als das Weibchen (Abbildung). Tagsüber ruht die Spinne in einer seidenausgekleideten Röhre in einem Erdloch oder einer Spalte, von deren Mündung radiär Fangfäden ausgehen, die ein Gespinst bilden, das man oft an den Wänden von Gebäuden sieht.

VERBREITUNG: Arizona, USA

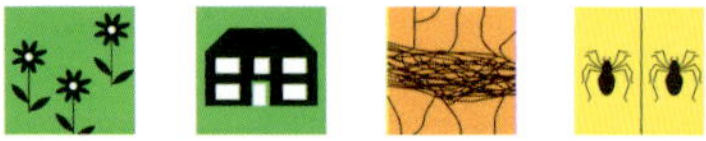

HAUBENNETZ- ODER KUGELSPINNEN FAMILIE THERIDIIDAE

Mit weltweit über 2200 Arten ist dies eine der größten Spinnenfamilien. Ihre Vertreter tragen drei Klauen an jedem Fuß, und die meisten Arten haben acht Augen. Am letzten Glied der Hinterbeine besitzen diese Spinnen einen Borstenkamm, mit dem sie ein leimartiges Sekret aus ihren Spinnwarzen bürsten. Es dient dazu, die Beute aus sicherer Entfernung bewerfen und bewegungsunfähig machen zu können.

THERIDION MELANURUM

BESCHREIBUNG: Wie bei allen Vertretern dieser Familie hängt die Spinne kopfunter in ihrem lockeren, unregelmäßigen Netz. Der Carapax ist dunkelbraun; über die ganze Länge des schwarz-grauen Abdomens verläuft ein gleichbleibend breites Zackenband. Die hellbraunen Beine sind dunkel geringelt. Die Weibchen findet man gewöhnlich in einer Zimmer- oder Gebäudeecke neben ihren hellbraunen Eikokons.
VERBREITUNG: Vorwiegend in Häusern in Europa und Nordamerika

ACHAEARANEA TEPIDARIORUM

Gewächshausspinne

BESCHREIBUNG: Das kuglige dunkle Abdomen weist braune oder graue Seitenstreifen und ein Mittelband aus hellen Winkeln auf. Das Netz wird gewöhnlich in einer Zimmerecke gebaut. Die äußeren Fäden sind straff gespannt und reichlich mit Leimtropfen versehen, so daß sich Insekten darin verheddern können, die deutlich größer sind als die Spinne selbst. Der birnenförmige Eikokon wird ebenfalls im Netz untergebracht und gewöhnlich vom Weibchen bewacht. Die 6 mm langen Weibchen leben länger als ein Jahr; die Männchen werden nur 3 mm lang.
VERBREITUNG: Kosmopolitisch, in Häusern

Enoplognatha ovata

BESCHREIBUNG: Das Weibchen (Abbildung) wird 6 mm lang und hat helle, fast durchscheinende Beine und einen glänzenden, bräunlich-grünen Carapax. Das weiße oder cremefarbene Abdomen kann unterschiedlich gemustert sein: erstens mit einer Reihe dunkler Punkte, zweitens mit einem breiten roten Band oder drittens mit zwei roten Streifen. Diese Weibchen greifen furchtlos große Stechinsekten an, wie z. B. die Hummel hier auf dem Bild, und bewachen ihre graublauen Eikokons in einem zusammengerollten Blatt, das mit Seidenfäden verschnürt ist.

VERBREITUNG: Stammt ursprünglich aus Europa, ist aber nach Nordamerika eingeführt worden, wo die Art inzwischen häufig ist.

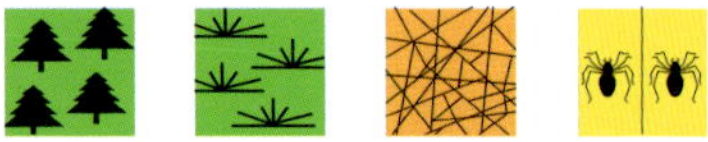

Argyrodes flavescens

BESCHREIBUNG: Das rotbraune, stark glänzende Abdomen weist eine Reihe von silbernen Punkten auf und ist wie bei den meisten Vertretern dieser Gattung kuppelförmig gewölbt, wodurch es von der Seite fast dreieckig wirkt. *Argyrodes*-Spinnen sind meist sehr klein (um die 3 mm); sie leben in den Netzen anderer größerer Spinnen (gewöhnlich Radnetzspinnen wie *Nephila* und *Argiope*) und ernähren sich von der Beute ihrer Wirtsspinne. *A. trigonum*, eine in den USA häufige Art, sieht recht ähnlich aus, ist aber stärker gelblich gefärbt und trägt keine silbernen Flecken.

VERBREITUNG: Sri Lanka und Burma, Indonesien

Steatoda grossa

BESCHREIBUNG: Das Männchen (Abbildung) wird 6 mm lang. Die Beine sind hell, fast durchscheinend braun, der Carapax schimmert in tiefem Dunkelbraun. Das Abdomen ist schwarz mit mehreren grünlich-braunen Flecken, die mit weißen Punkten „gepfeffert" sind. Das größere Weibchen (bis 16 mm) hat ein viel runderes, glänzendes Abdomen ohne sichtbare Zeichnung (gelegentlich können ein heller Halbkreis und drei Flecken auftreten); Carapax und Beine sind schwarz. Das Weibchen bewahrt seinen flauschig weißen Eikokon in seinem Netz auf, das man gewöhnlich in Kellern, Höhlen oder hohlen Bäumen findet. Es bewacht den Eikokon, bis die Jungen schlüpfen; anschließend bleiben sie noch einige Zeit im Netz ihrer Mutter und ernähren sich von deren Beute.
VERBREITUNG: Kosmopolitisch

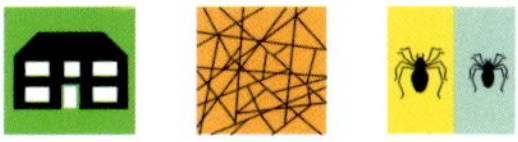

Latrodectus mactans

Schwarze Witwe oder Malmignatte

BESCHREIBUNG: Die rote „Eieruhrzeichnung" auf der Unterseite des glänzend schwarzen Abdomens ist das unverkennbare Markenzeichen der Schwarzen Witwe. Die kugelförmigen Weibchen erreichen eine Länge von 14 mm, die viel heller gefärbten Männchen werden nur 5 mm lang. Das sehr lockere, unregelmäßige Gespinst trifft man oft in und um Gebäude an – das Netz auf der Abbildung befand sich unter einem Tisch in einem Haus. Der Biß ist hochgiftig, für Menschen aber nur selten tödlich. Die Schwarze Witwe ist eine nervöse Spinne, die sich bei der leisesten Störung aus ihrem Netz fallen läßt. Die fast identische Art. *L. hesperus* wehrt Feinde wie z. B. Mäuse mit Hilfe eines klebrigen „Verteidigungsnetzes" ab.
VERBREITUNG: In vielen wärmeren Gebieten der Welt, einschließlich des nordamerikanischen Südens.

Chrysso sp.

BESCHREIBUNG: Diese seltsam aussehende Spinne besitzt ein ausgesprochen spitzes Abdomen, das von der Seite gesehen dreieckig und sehr stark abgeflacht ist. Die ungewöhnlich langen Beine sind mit zahlreichen steifen schwarzen Dornen besetzt. Das unregelmäßig gewebte Netz wird im Laub von Bäumen und Büschen angebracht, und das 8 mm lange Weibchen hängt oft kopfunter neben seinem braunen, glockenförmigen Eikokon. Die abgebildete Art ist bisher noch nicht beschrieben worden. *C. pulcherrima* ist eine kosmopolitische Art, die ähnlich aussieht, aber weniger stachlig ist.

VERBREITUNG: Indonesien

BALDACHIN- ODER DECKENNETZSPINNEN FAMILIE LINYPHIIDAE

Eine große Familie überwiegend sehr kleiner Spinnen, die in kühleren Klimazonen wie in Europa und Nordamerika häufiger anzutreffen ist als in den Tropen. Die Männchen vieler Arten besitzen Stridulationsleisten auf den Cheliceren, mit deren Hilfe sie während der Balz das Netz zum Vibrieren bringen. Zudem tragen die Männchen vieler Arten bizarre Auswüchse am Kopf, die bei der Paarung eine Rolle spielen. Das Netz ist gewöhnlich geformt wie eine kleine Hängematte. Baldachinspinnen sind die häufigsten aller Spinnen, und ihr Bestand kann in einem geeigneten Lebensraum wie z. B. einer Grasfläche eine Dichte von 5,5 Millionen Individuen pro Hektar erreichen.

NERIENE PELTATA

BESCHREIBUNG: Dies ist eine von mehreren Arten schwarz-(oder braun-)weißer Baldachinspinnen, die man tagsüber unter ihren Hängemattennetzen finden kann. Das Abdomen dieser 5 mm langen Art trägt einen dünnen weißen Mittelstreifen, der an beiden Seiten von einem wellenförmigen braunen, weiß gesprenkelten Band gesäumt wird. Das Carapax ist hellbraun mit einem aus einzelnen Dreiecken zusammengesetzten, dunklen Mittelband. Das Netz findet man vorwiegend in Büschen oder in niedrigem Geäst.

VERBREITUNG: Europa, nach Osten bis Japan und in den USA

 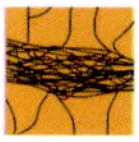 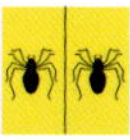

Drapetisca socialis

BESCHREIBUNG: Diese 3 mm lange Spinne verbringt den Tag bewegungslos auf einem Baumstamm. Durch das gefleckte, braun-weiße Abdomen und die geringelten braun-schwarzen Beine verschmilzt sie dabei praktisch mit der Baumrinde. Gewöhnlich lauert sie so über einem feinen Netz, das sie senkrecht an der Baumrinde angelegt hat. *D. alteranda* aus den USA sieht sehr ähnlich aus und ist von Neuengland westwärts bis Wisconsin zu finden.
VERBREITUNG: In ganz Europa und in einem Großteil der gemäßigten Klimazonen Asiens

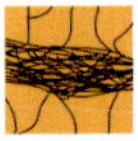

Microlinyphia pusilla

BESCHREIBUNG: Das glänzend schwarze Männchen (Abbildung) erreicht eine Länge von 5 mm und weist ein zylindrisches Abdomen mit zwei weißen Flecken vorne oben auf. Das etwas größere Weibchen mit einem gedrungenen, silbrigen Abdomen, das eine breite schwarze, blattartige Zeichnung trägt, sieht ganz anders aus; es ähnelt mehr ***Neriene peltata*** (S. 31). Das kleine, hängemattenähnliche Netz wird oft an feuchten Plätzen ins Gras oder in niedrige Vegetation gebaut.
VERBREITUNG: Europa, gemäßigte Klimazonen Asiens, Nordamerika

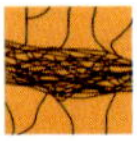

TRICHTERSPINNEN FAMILIE AGELENIDAE

Zu dieser großen Familie gehören mehr als 1000 Arten überwiegend brauner Spinnen mit meist auffällig langen, behaarten Beinen, deren Körperlänge zwischen 2 mm und 25 mm schwankt. Sie bauen dichte flache Gewebedecken aus nicht-klebriger Seide, die trichterförmig in eine beiderseits offene Wohnröhre übergehen. Stolperfäden über dem Schlupfwinkel lassen Fluginsekten in das Gespinst stürzen.

AGELENOPSIS APERTA

BESCHREIBUNG: Es gibt in den USA zahlreiche *Agelenopsis*-Arten, die nur von einem Experten unterschieden werden können. Die Männchen werden durchschnittlich 16 mm, die Weibchen 19 mm lang. Die acht Augen sind in zwei Reihen angeordnet. Die meisten Arten tragen ein Paar dunkler Streifen auf beiden Seiten des Carapax. Die abgebildete Spinne gehört zu den stärker grau gefärbten Arten; die meisten anderen Arten sind braun. Auf dem Abdomen, unter dem die Spinnwarzen deutlich herausragen, findet man gewöhnlich eine helle Längsstreifung. Die Spinne lauert am Eingang ihres röhrenförmigen Schlupfwinkels, jederzeit bereit, herauszuschießen und sich auf Insekten zu stürzen, die in Reichweite kommen. Die Weibchen legen ihre Eier im Herbst und sterben dann. *Agelena labyrinthica* aus Europa sieht ähnlich aus, ist aber braun.

VERBREITUNG: Zahlreiche ähnliche Arten in ganz Nordamerika

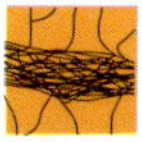

Tegenaria duellica

BESCHREIBUNG: Diese Spinne ruft häufig eine Panik hervor, wenn sie auf ihren langen, haarigen Beinen rasch über den Teppich sprintet oder bedrohlich in der Badewanne kauert. Obgleich völlig harmlos, weckt sie bei zahllosen Menschen Furcht und Abneigung. Häufig sind die 13 mm langen Männchen die Schuldigen, denn sie verlassen ihre großen, dichten Netze in Zimmer- oder Gebäudeecken und wandern auf der Suche nach einem Weibchen herum. Diese Romeos ziehen gewöhnlich bei den etwas größeren Weibchen ein, und beide leben eine ganze Weile friedlich zusammen, bis das Männchen schließlich stirbt. Sein Leichnam liefert seiner Partnerin eine nahrhafte Mahlzeit, was der Entwicklung ihrer Eier zugute kommt; es handelt sich also um eine väterliche Investition in die eigene Nachkommenschaft. Diese Spinne kann wie mehrere andere große *Tegenaria*-Arten lange fasten, und die Weibchen können mehrere Jahre alt werden.

VERBREITUNG: Europa und Nordamerika

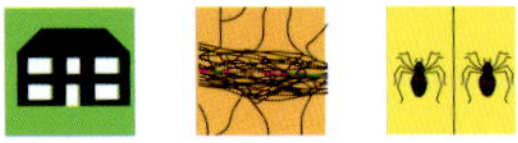

Tegenaria agrestis

BESCHREIBUNG: Diese europäische Spinne ist in den Nordwesten der USA eingeschleppt worden, wo sie inzwischen im Hausbereich häufig geworden ist. Man findet ihre großen, unordentlich wirkenden Gewebedecken häufig in Hinterhöfen. Die Art ist kleiner und grauer als *T. duellica*; Weibchen (Abbildung) erreichen eine Länge von 14 mm, Männchen hingegen nur von 9 mm. Die runden Eikokons werden im Netz plaziert und mit Holzstückchen, Erdkrumen oder Insektenskeletten getarnt. Diese Art hat Berichten zufolge bereits öfters Menschen gebissen, allerdings ohne schwerwiegende Folgen.

VERBREITUNG: Europa und im Nordwesten der USA

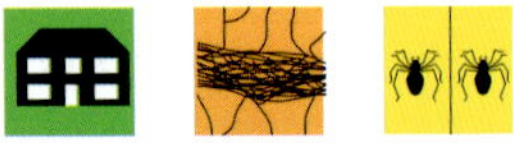

Dickkiefer- oder Streckerspinnen Familie Tetragnathidae

Die Radnetze dieser gewöhnlich langgestreckten Spinnen sind selten vertikal ausgerichtet, sondern meist geneigt oder auch horizontal. Mit Ausnahme von *Leucauge* fehlt den Weibchen eine Epigyne. Die Kieferklauen sind bei beiden Geschlechtern groß und auffällig. Bei einigen Arten besitzen die Männchen spezielle Zinken, um die Cheliceren der Weibchen bei der Paarung aufzustemmen. Die Vertreter der Gattung *Pachygnatha* haben eine rundlichere Körperform und bauen als Erwachsene keine Netze. Spinnen der Gattung *Nephila* wurden in diese Familie aufgenommen, wenn sie auch in der europäischen Nomenklatur im allgemeinen der Familie Araneidae zugeordnet werden. Es sind die größten aller netzbauenden Spinnen. Außerordentlich große Netze aus starkem, gelbem Gespinst baut z. B. *Nephila clavipes* (Nordamerika).

Tetragnatha extensa

Gewöhnliche Streckerspinne

BESCHREIBUNG: Der langgestreckte Körper und die langen Beine dieser 9 mm langen Art sind typisch für die Gattung. Man findet sie meist in Wassernähe. Tagsüber hockt die Spinne im Zentrum (Nabe) des Netzes, auf einem nahegelegenen Blatt oder an einem Stengel, wobei sie die langen Vorderbeine nach vorn und die Hinterbeine nach hinten streckt. Derart getarnt wartet sie auf mögliche Beutetiere. Die Eikokons werden auf ein Blatt abgelegt und mit Büscheln grau-grüner Seide bedeckt. Diese Spinnen bauen eindrucksvolle Netze, in denen sie auch größere Warmblüter wie Kolibris und Fledermäuse fangen können, wenn ihre normale Beute auch viel kleiner ist.
VERBREITUNG: Europa, ein großer Teil der gemäßigten Klimazonen Asiens und Nordamerika

Metellina segmentata

BESCHREIBUNG: Dies ist wahrscheinlich die häufigste Radnetzspinne Europas. Das 8 mm lange Weibchen (Abbildung) ist hellgelb-braun mit einem blatt- oder tannenbaumartigen dunkelbraunen Muster auf dem Abdomen. Das Männchen hat längere Beine und ist eher rostig-braun mit einem kleineren und schlankeren Hinterleib. Während der Paarungszeit nisten sich die Männchen im Nest des Weibchens ein und warten, bis ein Insekt sich darin fängt, bevor sie mit ihrer Werbung beginnen. Sie müssen das Weibchen auf einen speziellen Paarungsfaden locken, bevor die Paarung vollzogen werden kann.

VERBREITUNG: Europa, östlich bis nach Asien, Kanada

Leucauge nigrovittata

BESCHREIBUNG: Die Gattung läßt sich weltweit leicht erkennen, weil sich ihre Vertreter sehr ähneln und ein höchst charakteristisches Äußeres aufweisen. Bei dieser 13 mm langen Art verläuft ein silberner, durch drei schwarze Streifen längsgeteilter Mittelstreifen über das Abdomen; die Seiten sind gelb. Die Netze sind in einem Winkel von 45° geneigt und stehen oft in Gruppen zusammen.

Zwei *Leucauge*-Arten treten im Osten der USA auf. Bei *L. mabelae* trägt das gelbliche Abdomen acht Silberbänder in gleichem Abstand sowie drei orange Flecken. Bei *L. venusta* ist der Rücken des Hinterleibs silbern mit schwarzen Streifen, die Seiten sind gelb, und auf der Unterseite finden sich zwei rote Flecken. Beide Arten bauen fast horizontale Netze im niedrigen Geäst von Büschen und Bäumen.

VERBREITUNG: Indonesien

Nephila clavipes

Goldene Seidenspinne

BESCHREIBUNG: Die Weibchen sind die Riesen unter den Radnetzwebern und können eine Länge von 34 mm erreichen. Die beiden vorderen Beinpaare und das vierte Beinpaar tragen schwarze Haarbüschel. Das zylindrische Abdomen ist weiß oder golden gefleckt, der Carapax silbern. Die braunen Männchen werden nur 9 mm lang. Die riesigen Gespinste bestehen aus starker gelber Seide und beherbergen häufig ungeladene *Argyrodes*-Arten als Schmarotzer. In den USA sterben die erwachsenen Tiere im Winter, doch in den Tropen sind sie das ganze Jahr hindurch präsent.
VERBREITUNG: Südöstliche Staaten der USA, südlich bis Nordargentinien

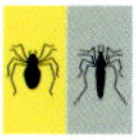

Nephila senegalensis

BESCHREIBUNG: Das Abdomen dieses Seidenspinnenweibchens trägt ein breites schwarzes oder silbergraues Zackenband mit vier paarigen cremefarbenen Flecken. Diese sind häufig miteinander verschmolzen und bilden dann einzelne Bänder oder eine Art Glocke. Die Seiten des Abdomens sind ebenfalls cremefarben, und der Carapax ist silbrig schwarz. Die Beine sind schwarz und dunkelbraun geringelt. Die Jungtiere sind stärker silbrig mit zahlreichen weißlichen Flecken, und man findet sie häufig unter dichten zickzackförmigen Seidenbändern, die als Stabiliment (siehe S. 45) dienen und mit zahllosen Insektenüberresten geschmückt sind. Erwachsene Weibchen messen bis zu 34 mm, die braunen Männchen erreichen hingegen nur 6 mm und halten sich gewöhnlich in den Netzen der Weibchen auf.
VERBREITUNG: Überwiegend in Afrika südlich der Sahara, in Wüsten, Savannen und Wäldern

ECHTE RADNETZ- ODER KREUZSPINNEN FAMILIE ARANEIDAE

Diese große und abwechslungsreiche Familie umfaßt über 3500 Arten in aller Welt. Wenn das perfekte Radnetz auch ein typisches Merkmal ist, existieren dennoch zahllose strukturelle Varianten. Einige Arten haben den Netzbau auch völlig aufgegeben und lauern ihrer Beute aus einem Hinterhalt auf. Radnetzspinnen haben winzige Augen, die in ihrem Alltagsleben eine nur untergeordnete Rolle spielen. Weit wichtiger ist für sie ihr Tastsinn: Mit Hilfe ihrer vibrationsempfindlichen Beine und Füsse registrieren diese Spinnen alles, was in ihrem Netz passiert.

ARANEUS DIADEMATUS

Gartenkreuzspinne, Gemeine Kreuzspinne

BESCHREIBUNG: Die Art variiert sehr stark in ihrer Färbung; es können von Beige über Ocker, Rostbraun, Orange bis Braungrün alle Farben und Zwischentöne vorkommen. Unabhängig von der Farbe des Untergrundes tragen Weibchen (Abbildung) in der Regel ein unverwechselbares Kreuz auf dem Abdomen, das sich aus einer Reihe weißer Flecken zusammensetzt. Die Spinne sitzt im Zentrum ihres Netzes oder auf einer nahegelegenen Pflanze. Die meisten Beutetiere werden gebissen und anschließend eingewickelt. Weibchen erreichen eine Länge von 16 mm und wirken, wenn sie voller Eier sind, sehr plump; die schlankeren Männchen werden nicht länger als 9 mm.

VERBREITUNG: Europa, östlich bis Japan. Nach Nordamerika eingeschleppt und heute in vielen Regionen sehr häufig, besonders im Osten.

ARANEUS QUADRATUS

Vierfleckige Kreuzspinne

BESCHREIBUNG: Das Weibchen hat ein rundes Abdomen, das gewöhnlich lohfarben ist, aber auch rostbraun oder grünlich-gelb sein kann. Die vier hellen Flecken auf dem Rücken des Hinterleibs sind jedoch immer deutlich zu sehen; dazu kommen eine Reihe kleiner weißer Punkte und Schnörkel. Die Beine sind hübsch gebändert. Die Spinne sitzt selten im Netz, sondern lauert tagsüber in einem gewobenen Schlupfwinkel aus Stengeln und Seidengespinst. Bei *A. trifolium*, die in Nordamerika häufig ist, sind die Zeichnungen der Garten- und der Vierfleckigen Kreuzspinne mehr oder minder kombiniert: Sie zeigt die vier Flecken der erstgenannten und den vertikalen Kreuzstrich der letztgenannten Art. Sie hat jedoch einen weißen Carapax mit einem schwarzen Mittelstreifen und einen weiteren schwarzen Streifen auf jeder Seite, ein typisches Merkmal, das den anderen beiden Arten fehlt.

VERBREITUNG: Überall in Europa und in einem Großteil Asiens

ARANEUS ILLAUDATUS

BESCHREIBUNG: Bei dieser sehr großen, grau-weißen oder gelegentlich auch rosa-weißen Art können die Weibchen eine Länge von 25 mm erreichen. Vorn oben auf dem Abdomen befinden sich zwei schwarz-bräunliche, mehr oder minder dreieckige Flecken mit tief gezähnten, recht ausgefransten Rändern. Jeder dieser dunkleren Flecken enthält einen weißen Punkt, und man findet weiter hinten auf dem Abdomen einige weitere, blattartige Muster. Die ganze Spinne ist außerordentlich stark behaart. Die Männchen sind mit 9 mm die reinsten Zwerge.

VERBREITUNG: Südost-Arizona bis West-Texas

ARANEUS MARMOREUS

Marmorierte Kreuzspinne

BESCHREIBUNG: Von dieser Art gibt es zwei Formen. Bei der abgebildeten Form (*var. pyramidatus*; ein Weibchen) variiert die Färbung des plumpen Abdomens von Cremeweiß zu leuchtend Goldgelb. Relativ weit hinten befindet sich ein dunkelbrauner, pyramidenförmiger Klecks. Bei der anderen Form ist das Abdomen viel dunkler gelborange getönt und trägt ein klares braunes oder schwarzes Muster mit Zickzackrand, das sie wie marmoriert wirken läßt. Man findet beide Formen selten zusammen, und *var. pyramidatus* tritt nur in europäischen Populationen auf. Die Weibchen erreichen eine Länge von 14 mm, die Männchen von 9 mm. Das Netz wird auf Lichtungen und in Heidegebieten zwischen niedriger Vegetation angebracht.

VERBREITUNG: Europa, in weiten Teilen Asiens und Nordamerikas, fehlt jedoch im Südwesten der USA.

Aculepeira ceropegia

Eichblatt-Radspinne

BESCHREIBUNG: Dies ist eine der attraktivsten europäischen Radnetzspinnen. Das Abdomen ist eiförmig und an beiden Enden zugespitzt; es trägt eine hübsche cremefarbene Eichenblattzeichnung und überdeckt die Spinnwarzen völlig. Die hellbraunen Beine sind deutlich schwarz-braun geringelt. Das 13 mm lange Weibchen (Abbildung) hockt gewöhnlich auf einer Plattform aus dichtgesponnener Seide auf einer Seite des Netzes, das etwa einen halben Meter über dem Boden in niedrigem Gebüsch angebracht wird.

VERBREITUNG: Fast überall in Europa (nicht auf den Britischen Inseln), in weiten Teilen Asiens und in Nordafrika.

Neoscona adianta

Heideradspinne

BESCHREIBUNG: Diese attraktive Spinne sieht wie eine Miniaturversion der Eichblatt-Radspinne aus. Die Grundfarbe des Abdomens variiert zwischen einem hellen Graubraun und einer dunkleren Rostrotschattierung. Über die Mitte des Abdomens zieht sich eine Reihe auffälliger weißer oder cremefarbener, mehr oder minder vollständig schwarz umrahmter Dreiecke. Die vorderen Dreiecke sind dabei größer als die hinteren. Das 9 mm lange Weibchen (Abbildung) sitzt deutlich sichtbar neben dem Netz auf einem kleinen Seidenkissen, beispielsweise auf der Blüte eines Doldenblütlers wie einer wilden Möhre oder – wie auf dem Foto zu sehen ist – auf blühendem Heidekraut, worauf sich auch ihr umgangssprachlicher Name bezieht.

VERBREITUNG: Lokal auf den Britischen Inseln, hauptsächlich in der Nähe der Südküste sowie in ganz Europa und Asien bis Japan und in Nordafrika

Nuctenea cornuta

Schilfradspinne

BESCHREIBUNG: Der Carapax dieser häufigen Spinne ist braun bis grau und dicht mit kurzen weißen Haaren bedeckt. Die Grundfarbe des Abdomens variiert von Silbergrau oder Weiß über Creme und Hellbraun bis leuchtend Rostrot. Das Abdomen trägt eine dunkle Blattzeichnung, deren Ausprägung von Tier zu Tier verschieden ist. Das Weibchen (Abbildung) erreicht eine Länge von 11 mm; das Männchen ist mit 8 mm nur geringfügig kleiner. Es zieht gewöhnlich in das Netz des noch nicht geschlechtsreifen Weibchens, bevor dieses sich zum letzten Mal häutet.
VERBREITUNG: Europa, in weiten Teilen Asiens und in einem Großteil Nordamerikas

Araniella cucurbitina

Kürbisspinne

BESCHREIBUNG: Der Carapax des 6 mm langen Weibchens (Abbildung) ist glänzend braun, die Beine sind eher grünlich braun. Die Oberseite des Abdomens kann gelb oder gelb-grün sein und trägt vier mehr oder minder quadratisch angeordnete, auffällige Vertiefungen. Die Unterseite ist gewöhnlich leuchtend grün, und direkt hinter den Spinnwarzen befindet sich ein leuchtend roter Punkt. Das Netz ist recht klein und wird oft über einem großen, welligen Blatt oder zwischen mehreren kleineren Blättern errichtet. Häufig bewachen die Weibchen ihre Eikokons, die von grober gelber Seide überzogen sind.
VERBREITUNG: Europa, östlich bis Japan und in Nordafrika

Argiope appensa

BESCHREIBUNG: Das Weibchen (Abbildung) kann eine Länge von 32 mm erreichen. Die Oberseite des Abdomens ist leuchtend zitronengelb und trägt ein Paar großer sowie zwei Paar kleiner schwarzer Punkte. Die Beine sind deutlich grau-schwarz geringelt. Die Netze findet man häufig im Garten oder unter Dachvorsprüngen, oft auch in größerer Anzahl.

VERBREITUNG: Südostasien

ARGIOPE ARGENTATA

BESCHREIBUNG: Bei dieser hübschen Spinne sind der Carapax und die vordere Hälfte des Abdomens leuchtend silbern gefärbt. Die hintere Hälfte trägt silberne Musterungen auf einem gelben oder orangen Untergrund, und rund um den Hinterrand findet man fünf auffällige lappenförmige Fortsätze. Die Form des Abdomens ist sehr charakteristisch: vorne schmal und sich nach hinten verbreiternd. Die Beine sind gelb-schwarz geringelt. Das Weibchen (Abbildung) kann eine Länge von 17 mm erreichen; das Männchen ist wie bei allen *Argiope*-Arten sehr klein und wird nicht länger als 5 mm. Es ist zudem viel leichter gebaut als das Weibchen. Das Netz wird in Bodennähe im Gras und Gebüsch errichtet.

VERBREITUNG: Von den südlichen USA (Südflorida westlich bis Südkalifornien) bis Nordargentinien

Argiope bruennichi

Zebraspinne, Wespenspinne

BESCHREIBUNG: Das plumpe, ovale Abdomen dieses 25 mm langen Weibchens (Abbildung) trägt eine Reihe eng nebeneinanderliegender schwarzer, gelber und silberner Bänder, der Carapax ist rein silbern, und die Beine sind hell-dunkel geringelt. Das Netz wird zwischen niedrigen Pflanzen in Bodennähe errichtet; darin verfangen sich vorwiegend springende Insekten wie Grashüpfer. Während der Paarung beginnt das Weibchen oft, das winzige braune Männchen in Seide einzuwickeln.
VERBREITUNG: Europa und gemäßigte Zonen Asiens, östlich bis Japan

Argiope lobata

BESCHREIBUNG: Das recht pelzige, glänzende Abdomen ist am hinteren Rand stark gelappt, und der apikale Lappen ist häufig lang und spitz, so daß der Hinterleib einem Feenhut ähnelt. Die Grundfarbe ist silbern, mit einer Reihe schwarzer Vertiefungen und zwei roten Punkten. Das Weibchen (Abbildung) kann eine Länge von 25 mm erreichen, die winzigen Männchen bringen es hingegen nur auf 6 mm. Wie bei allen Vertretern dieser Gattung gehen von der Nabe zickzackförmige weiße Seidenbänder (Stabilimente) aus. Diese können die Form eines St.-Andreaskreuzes annehmen (wobei oft eines oder mehrere der vier Segmente fehlen), oder einfach wie in der Abbildung von oben nach unten führen. In allen Fällen bleibt in der Mitte, wo die Spinne sitzt, eine Lücke.
VERBREITUNG: Südeuropa, in Teilen Asiens und in ganz Afrika

Argiope trifasciata

BESCHREIBUNG: Das recht stark behaarte, spitz zulaufende Abdomen dieses 25 mm langen Weibchens (Abbildung) trägt eine Reihe abwechselnd cremefarbener, schwarzer und silberner Bänder mit mehr oder minder geraden Rändern. Die Beine sind gefleckt, und der Carapax ist silbrig. Wie bei allen Mitgliedern dieser Gattung verbringen die winzigen Männchen viele Tage im Netz des Weibchens. Das Netz hängt zwischen hohen Gräsern und krautigen Pflanzen.

VERBREITUNG: Überall in den wärmeren Gefilden der Welt. Selten in Südeuropa, doch überall in den USA häufig.

Herennia ornatissima

BESCHREIBUNG: Das graue, abgeplattete Abdomen dieses Weibchens (Abbildung) ist am Hinterrand auffällig kreneliert und rötlich gepunktet. In der Mitte des Hinterleibs liegen zwei schwärzlich-rote Punkte in tiefen Gruben. Der Carapax ist bläulich-grau mit einem hellorangen Rand. Das große Netz wird direkt über und parallel zur Oberfläche eines Baumstamms errichtet und ist nur unter günstigen Lichtverhältnissen aus einem bestimmten Blickwinkel zu erkennen. Das Weibchen sitzt auf einem tassenförmigen Seidengespinst in der Nähe der Nabe, wo seine Färbung es fast unsichtbar macht. Die glänzenden braunen Männchen sind sehr klein und wohnen häufig am Netzrand des Weibchens.

VERBREITUNG: Von Indien bis Neu-Guinea

CYRTOPHORA HIRTA

BESCHREIBUNG: Die Grundfärbung dieses 14 mm langen Weibchens (Abbildung) ist silbrig-weiß. Das Abdomen trägt ein komplexes schwarzes Muster; seitlich ist es gelb und schwarz gezeichnet. Die Spinnwarzen sitzen auf einer Erhebung, so daß sie dem Abdomen, von der Seite gesehen, ein ausgeprägt bugförmiges Profil verleihen. Die Beine sind hell-dunkel gebändert. Die Spinne hängt mit dem Bauch nach oben unter einem horizontalen Radnetz, das an einem Gerüst sich überkreuzender Fäden aufgehängt ist. Fliegende Insekten, die gegen diese Fäden stoßen, fallen ins Netz. Die Seidenfäden sind nicht klebrig, was bei Radnetzspinnen selten ist. Häufig liegen mehrere Netze nebeneinander.

VERBREITUNG: Australien

Zygiella x-notata

Sektorenspinne

BESCHREIBUNG: Die auffälligen Netze dieser häufigen Spinne findet man an Häusern, besonders in Fensternischen oder unter Dachvorsprüngen. Die Netze sind leicht zu erkennen, weil ein Sektor des Rades im oberen Bereich fehlt. Tagsüber versteckt sich die Spinne in einem nahegelegenen seidenen Schlupfwinkel. Das glatte, silbrige Abdomen trägt ein dunkleres Blattmuster, und die Beine sind stark gebändert. Weibchen erreichen eine Größe von 8 mm, während Männchen etwas kleiner sind, aber sehr ähnlich aussehen.
VERBREITUNG: Häufig in Europa, in weiten Teilen des gemäßigten Asiens und in ganz Nordamerika

Cyclosa conica

Konische Radspinne, Kreisspinne

BESCHREIBUNG: Die Färbung des Abdomens variiert von Grau mit schwarzen Flecken bis beinahe Reinschwarz. Das Abdomen ist nach hinten auffällig konisch verjüngt und wölbt sich vorne über den Carapax. Die Weibchen können eine Größe von 5 mm erreichen; die Männchen sind etwas kleiner. Die Spinne sitzt im allgemeinen im Zentrum (Nabe) ihres überraschend großen Netzes. Über und unter der Nabe befindet sich gewöhnlich ein dichtes vertikales Stabiliment, das mit Nahrungsresten bestückt ist. Bei *C. turbinata* in den USA läuft das Abdomen in eine längere und schärfere Spitze aus.
VERBREITUNG: Europa, Asien und Nordamerika

Gasteracantha arcuata

BESCHREIBUNG: Das 9 mm lange Weibchen (Abbildung) dieser erstaunlichen Stachelspinnenart ist unverwechselbar. Aus den oberen Ecken des fast dreieckigen, leuchtend orange gefärbten Abdomens wachsen zwei lange, schwarze „Hörner" hervor. Zwei dünnere und kürzere Stacheln sitzen zwischen den beiden großen Hörnern am Hinterrand des Abdomens. Vermutlich erschweren diese Auswüchse Vögeln den Zugriff. Die Beine sind schwarz, und der recht unauffällige Carapax ist dunkelbraun. Die winzigen Männchen tragen keine Hörner.

VERBREITUNG: Asien, von Indien bis Indonesien, häufig in Gärten

Gasteracantha hasselti

BESCHREIBUNG: Bei dem 8 mm langen Weibchen (Abbildung) dieser Stachelspinnenart ist die Oberseite des fast dreieckigen Hinterleibs glänzend orange und trägt sechs schwarze Punkte rechts und links der Mittellinie. Die beiden oberen Ecken sind zu zwei dicken schwarzen Stacheln ausgezogen, die mehr oder minder gerade sind und vorn spitz zulaufen. Zwei kleinere schwarze Stacheln stehen aus dem Hinterrand des Abdomens hervor, und zwei weitere finden sich seitlich, in der Mitte zwischen den großen Stacheln und dem Carapax, der dicht mit weißen Haaren besetzt ist.

VERBREITUNG: Von Indien bis Indonesien

Gasteracantha sturii

BESCHREIBUNG: Das sehr breite, wie ein Segeldrache geformte Abdomen dieser Stachelspinnenart ist glänzend gelb und trägt zwei schwarze Querstreifen. Die oberen Ecken des Abdomens sind mit zwei derben schwarzen und ziemlich stark behaarten Stacheln bewehrt. Diese enden stumpf, tragen aber an der Spitze einen kleinen Dorn. Zwei sehr kurze Stacheln wachsen aus dem Vorderteil des Abdomens, weitere aus dem Hinterabschnitt. Das Weibchen sitzt in den Randzonen des Regenwaldes auf Blättern.

VERBREITUNG: Südostasien

Gasteracantha falcicornis

BESCHREIBUNG: Das sehr harte, leuchtend rote, glänzende Abdomen des Weibchens (Abbildung) dieser Stachelspinnenart ist mit zahlreichen schwarzen Gruben übersät. Zwei lange gebogene Hörner und vier kurze Stacheln wachsen aus dem Abdomen hervor, über das manchmal ein weißes oder gelbes Band verläuft.
VERBREITUNG: Ost- und Südafrika

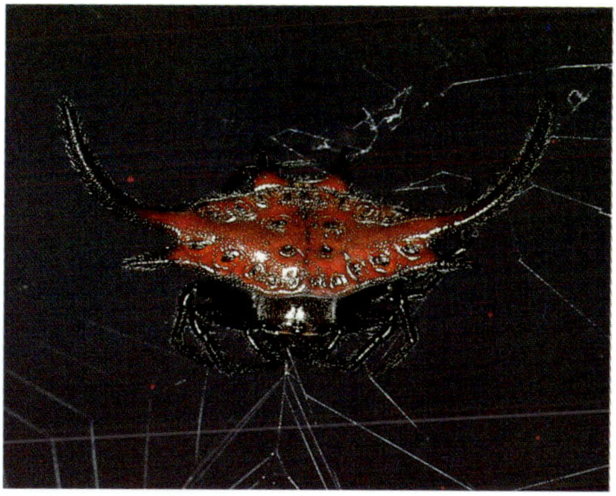

Gasteracantha cancriformis

BESCHREIBUNG: Das 13 mm breite Abdomen des Weibchens (Abbildung) dieser Stachelspinnenart ist farblich sehr variabel. Die Grundfärbung kann weiß, cremefarben, gelb oder hellorange sein, die sechs Stacheln schwarz oder rot. Einige Formen sind üppig braun oder schwarz gesprenkelt, andere fast ungezeichnet. Der Carapax ist dunkelbraun. Die Spinne hängt normalerweise mit dem Bauch nach oben unter ihrem Netz, das in Bodennähe errichtet wird. Dieses Weibchen wurde in einem mexikanischen Regenwald aufgenommen.
VERBREITUNG: USA, von North Carolina bis Florida und weiter bis Kalifornien, Mittelamerika

Gasteracantha minax

BESCHREIBUNG: Das Weibchen (Abbildung) dieser Stachelspinnenart trägt auf einem schwarzen Abdomen eine weiße oder gelbe Zeichnung. Sechs kurze Stacheln rundum verleihen diesem das Aussehen eines Morgensterns. Das Abdomen ist etwa 11 mm breit. Die Netze werden im Gebüsch errichtet, und man findet sie häufig in großer Zahl über viele hundert Morgen verteilt.
VERBREITUNG: Fast überall in Australien

Micrathena gracilis

BESCHREIBUNG: Das Abdomen kann weiß, hellgelb, gelblich-braun oder sogar schwarz sein, dazu braun getupft oder ohne Zeichnung. Das 9 mm lange Weibchen (Abbildung) trägt zehn scharfe Dornen. Die Spinnwarzen sitzen auf einem Höcker, so daß das Abdomen von der Seite gesehen fast dreieckig erscheint. Der glänzende Carapax ist langgestreckt, und die Augen sind winzig. Das dornenlose Abdomen des Männchens ist lang, und die Längsseiten verlaufen fast parallel.
VERBREITUNG: USA, östlich der Rocky Mountains; Mittelamerika

MICRATHENA SAGITTATA

BESCHREIBUNG: Die Oberseite des Abdomens ist leuchtend gelb mit schwarzer Zeichnung. Aus den oberen Ecken wachsen zwei lange, tiefrote Dornen hervor; zwei Paar kürzerer Dornen finden sich in gleichmäßigen Abständen an den Seiten. Die gelbe Unterseite (Abbildung, bei einem Weibchen) ist rot und schwarz gemustert, und die Spinnwarzen sitzen auf einem auffälligen Höcker. Weibchen sind 9 mm lang, Männchen nur 5 mm.
VERBREITUNG: Im Osten der USA und in Mittelamerika

MECYNOGEA LEMNISCATA

Basilikaspinne

BESCHREIBUNG: In Form und Färbung erinnert diese 9 mm lange Spinne sehr an *Leucauge*-Arten. Die Basilikaspinne besitzt jedoch auf jeder Seite des Abdomens nahe der Basis einen auffälligen Höcker. Über den gelben Carapax zieht sich eine schmale schwarze Mittellinie, am Rand verlaufen zwei breitere Linien. Das olivgrüne Abdomen trägt ein braunschwarzes, weiß umrandetes Blattmuster, und auf jeder Seite findet sich eine weiße Wellenlinie. Die Fangeinrichtung besteht aus einem Radnetz, das wie eine horizontale Kuppel aussieht und zwischen einem Gerüst aus oberen und unteren sich kreuzenden Fäden hängt. Die Spinne hockt kopfunter im Netz, und im Herbst hängen die Weibchen unter einer Reihe von Eikokons, wie auf der Abbildung zu sehen ist.
VERBREITUNG: Fast überall in den USA mit Ausnahme der Westküstenstaaten

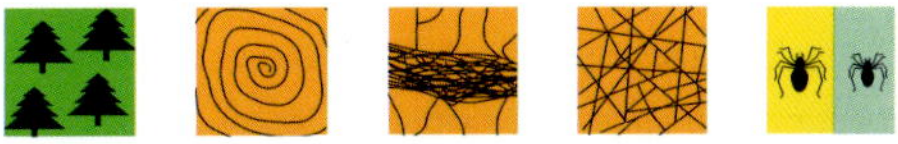

WOLFSSPINNEN FAMILIE LYCOSIDAE

Eine große Familie überwiegend brauner oder grauer Spinnen mit weltweit mehr als 3000 Arten. Die meisten Wolfsspinnen sind aktive Jäger oder sitzen auf Blättern und lauern auf Insekten, die vorbeilaufen oder -fliegen. Sie leben überwiegend auf dem Boden, und viele haben keinen festen ‚Wohnsitz', während andere in seidenausgekleideten Höhlen leben und bei Anbruch der Dunkelheit auf Jagd gehen. Sie sehen gut und sind an ihrer typischen Augenstellung zu erkennen: zwei große Augen in der Mitte des Gesichts, flankiert von zwei kleineren Augen, darunter eine weitere Reihe mit vier kleinen Augen.

TROCHOSA TERRICOLA

BESCHREIBUNG: Die Beine sind hellbraun, Abdomen und Carapax etwas dunkler braun und kaum gezeichnet. Das 13 mm lange Weibchen (Abbildung) verbringt den Tag in einer seidenausgekleideten Kammer unter einem Stein oder Baumstamm und geht nachts auf Jagd.

VERBREITUNG: Europa, ein Großteil Asiens und im Norden der USA

Pardosa amentata

BESCHREIBUNG: Man findet in ganz verschiedenen Habitaten in Europa und Nordamerika Dutzende ähnlich aussehender *Pardosa*-Arten (allein in den USA gibt es mehr als 50 Arten). Wie für diese Gattung typisch, trägt das 8 mm lange Weibchen seinen Eikokon an die Spinnwarzen angeheftet. Die Jungen reiten die ersten Tage nach dem Schlüpfen auf dem Rücken ihrer Mutter. Die Männchen sind nur wenig kleiner als die Weibchen und signalisieren bei ihrer Werbung um das Weibchen heftig mit Beinen und Pedipalpen.

VERBREITUNG: Europa und gemäßigte Klimazonen Asiens

Lycosa carolinensis

BESCHREIBUNG: Dies ist die größte einer Vielzahl von Wolfsspinnenarten in den USA. Das Weibchen kann eine Länge von 34 mm erreichen, das Männchen von 19 mm. Der Carapax ist ziemlich breit und kann wie bei dem abgebildeten Tier recht dunkel gefärbt sein und nur einen schmalen hellen Mittelstreifen tragen. Bei einigen Exemplaren ist der Mittelstreifen breiter und heller, und ähnliche Streifen verlaufen auf beiden Seiten des Carapax. Die Färbung des Abdomens variiert von Hellbraun bis Tiefbraun, gewöhnlich mit einem schwarzbraunen Mittelstreifen mit geradem oder gezacktem Rand. Die Weibchen verbringen einen Großteil ihres Lebens in einer Höhle im Boden, die sie nur nachts zum Jagen verlassen, wobei sie ihren großen weißen Eikokon, an ihre Spinnwarzen geheftet, mitschleppen.

VERBREITUNG: Überall in den USA und in einem Großteil Kanadas

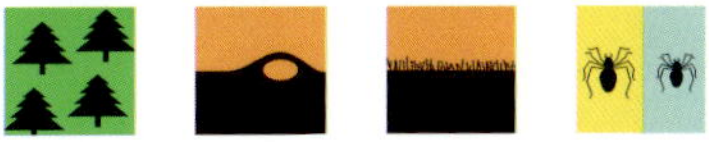

Pirata piraticus

BESCHREIBUNG: Die Vertreter dieser Wasserjäger-Gattung lassen sich an dem hellen V- oder Y-förmigen Zeichen auf dem Carapax erkennen. Es gibt zahlreiche ähnlich aussehende Arten, die in Europa und den USA in Gewässernähe leben. Diese 8 mm lange Art hat ein hellbraunes, samtiges Abdomen mit einem charakteristischen Schimmer Zwei helle Streifen laufen von vorn nach hinten über das Abdomen allmählich zusammen, so daß sie ein langgestrecktes V bilden. Hinten am Abdomen, dessen Seiten dicht mit kurzen weißen Haaren bedeckt sind, findet sich eine Reihe kleiner weißer Punkte. Das Weibchen (Abbildung) trägt seinen runden weißen Eikokon an seine Spinnwarzen geheftet und läuft mit ihm über die Wasseroberfläche. Wenn es erschreckt wird, kann es mehrere Minuten lang unter der Wasseroberfläche verharren.

VERBREITUNG: Europa, östlich bis Japan und in Nordamerika

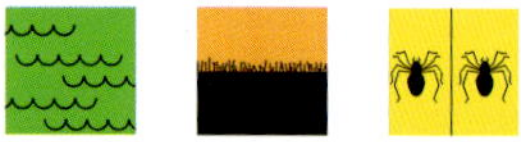

Arctosa perita

BESCHREIBUNG: Typisch für die Vertreter dieser Gattung ist ein recht flacher Carapax, wobei die hinteren Augen mehr oder minder obenauf liegen, so daß sie nach oben sehen. Der Carapax des Weibchens (Abbildung) variiert zwischen Hellbraun und Schwarz, das Abdomen trägt vier große helle Flecken auf einem dunkleren Untergrund, und die Beine sind hell-dunkel geringelt. Dieser ‚Pfeffer-und-Salz'-Habitus bietet auf sandigem Untergrund eine vorzügliche Tarnung. Die Spinnen verbringen einen Teil ihres Lebens in Erdröhren im Sand, kommen aber auch tagsüber zur Jagd heraus. In den USA findet man rund ein Dutzend *Arctosa*-Arten, wobei *A. littoralis*, die in den ganzen USA verbreitet ist, der beschriebenen Art sehr stark ähnelt.

VERBREITUNG: Europa und ein Großteil von Asien

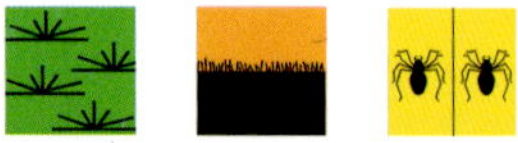

RAUBSPINNEN FAMILIE PISAURIDAE

Die Raubspinnen ähneln den Wolfsspinnen, doch ihre Augen sind alle mehr oder minder gleich groß. Die Weibchen tragen ebenso wie die Wolfsspinnenweibchen ihren Eikokon mit sich herum, aber sie halten ihn mit ihren Kieferklauen und Pedipalpen. Sie spinnen seidene Kinderstuben für ihre Jungen. Weltweit werden rund 500 Arten gezählt.

PISAURA MIRABILIS

Listspinne

BESCHREIBUNG: Männchen und Weibchen sind etwa gleich groß, im Durchschnitt 14 mm lang, doch die Männchen sind etwas leichter gebaut und haben längere Vorderbeine. Die Grundfärbung variiert stark und kann grau, lohfarben oder schokoladenbraun sein beziehungsweise eine Zwischentönung annehmen. Über den Carapax zieht sich ein heller Mittelstreifen, flankiert von einem dunkleren Band auf beiden Seiten. Die Seiten des Abdomen tragen meist ein dunkles Wellenband, während der Rücken gewöhnlich eine Reihe schwach ausgeprägter Dreiecke aufweist. Einige Exemplare sind jedoch praktisch überhaupt nicht gezeichnet. Einzigartig ist das Balzverhalten dieser Art: Das Männchen überreicht dem Weibchen ein ‚Brautgeschenk' in Form einer seidenumhüllten Fliege. Das Weibchen sieht man häufig mit seinem großen, runden weißen Eikokon umherlaufen. Kurz bevor die Jungen schlüpfen, verbindet sie einige Blätter oder Stengel mit Seidenfäden, plaziert den Eikokon darin und bewacht ihn. Die amerikanische Art *Pisaurina mira* sieht ähnlich aus, ist gleich groß und zeigt ein vergleichbares Brutpflegeverhalten, überreicht aber kein Brautgeschenk. Sie ist im größten Teil der USA östlich der Rocky Mountains häufig.

VERBREITUNG: Europa, östlich durch einen Großteil der gemäßigten Klimazonen Asiens und in Nordafrika

Dolomedes fimbriatus

Gerandete Jagdspinne

BESCHREIBUNG: Diese dunkelbraune Spinne ist leicht an den beiden weißen Bändern zu erkennen, die rechts und links am Körper entlanglaufen. Das Weibchen (Abbildung) kann eine Länge von 19 mm erreichen, das Männchen wird nur 13 mm lang. Sie sitzen an der Wasseroberfläche und lauern auf die Kräuselungen, die ein Insekt oder einen Fisch verraten. Die Weibchen tragen ihren großen grauen Eikokon in ihren Kieferklauen. *D. triton* aus den USA sieht sehr ähnlich aus und pflegt dieselbe Lebensweise; die Art ist in Feuchtgebieten östlich der Rocky Mountains häufig.

VERBREITUNG: Europa und ein Großteil Asiens

Scharfaugen- oder Luchsspinnen Familie Oxyopidae

Diese flinken Spinnen lassen sich an ihrem schlanken, spitz zulaufenden Abdomen, ihren stacheligen Beinen und ihrer einzigartigen Augenanordnung erkennen: Sechs größere Augen bilden ein Sechseck, zwei kleinere Augen liegen darunter. Die Weibchen bewachen ihren Eikokon. Die meisten Arten leben in den Tropen, rund 15 Arten in den USA und wahrscheinlich nur 3 in Europa.

Oxyopes schenkeli

BESCHREIBUNG: Das Muster dieser 9 mm langen Spinne ist so variabel, daß es kaum zu beschreiben ist; vielleicht läßt es sich noch am besten mit dem eines Perserteppichs vergleichen. Die Spinne kann in die Luft springen, um einen vorbeifliegenden Schmetterling zu fangen. Vor der Paarung hängt das Weibchen an ihrer Sicherheitsleine mitten in der Luft, während das Männchen ihr einen seidenen Brautschleier webt. Das ist die einzige Luchsspinne, von der man ein solches Verhalten kennt.
VERBREITUNG: Tropisches Afrika

Peucetia viridans

BESCHREIBUNG: Diese wunderschöne, 19 mm lange Spinne ist normalerweise leuchtend grün gefärbt, doch einige Exemplare, besonders im Westen der USA, sind gelblich oder bräunlich. Die Oberseite des Abdomens trägt meist eine Doppelreihe roter Dreiecke, die jedoch sehr schwach ausgeprägt sein können. Die eng zusammenstehenden Augen liegen in einem hellbraunen Rechteck, und die Beine sind sehr stachelig. Die Weibchen befestigen ihre knubbligen, strohfarbenen Eikokons an einem Blatt und bewachen sie, bis die Jungen schlüpfen. Diese Spinne besitzt die erstaunliche Fähigkeit, Gift in die Augen von Angreifern zu ‚spucken'. Ähnliche Arten findet man in Südeuropa und Afrika.
VERBREITUNG: USA, von Neuengland südwärts bis Georgia und westwärts bis zu den Rocky Mountains sowie in Mittelamerika

SACKSPINNEN FAMILIE CLUBIONIDAE

Diese Familie umfaßt mehr als 1500 Arten hauptsächlich brauner, nachtaktiver Spinnen. Sie verbringen den Tag in sackartigen seidenen Wohngespinsten innerhalb eines eingerollten Blattes, unter einem Stein oder Baumstamm. Sie sind aktive Jäger und bauen keine Fangnetze. Viele Arten sind vorzügliche Ameisennachahmer.

CHEIRACANTHIUM ERRATICUM

BESCHREIBUNG: Die Beine sind durchscheinend gelblich-braun. Der Carapax ist braun und das samtige Abdomen strohfarben mit einem breiten Mittelband, das von einem kastanienbraunen Mittelstreifen geteilt wird. Die Weibchen verweben für sich und ihre Eier Gras mit Seide zu kugeligen Gespinsten. *C. mildei*, die nach Südeuropa und Nordamerika eingeschleppt wurde, sieht sehr ähnlich aus; man findet die Art häufig in Gebäuden, und ihr Biß verursacht auf der menschlichen Haut unangenehme Blasen.

VERBREITUNG: Europa und ein Großteil Asiens

CASTIANEIRA SPP.

BESCHREIBUNG: In den USA leben mehr als 25 *Castianeira*-Arten. Viele von ihnen ahmen Ameisen oder – die leuchtend gefärbten Arten – Bienenameisen (Gattung *Mutilla*) nach. Die meisten von ihnen heben und senken ihr Abdomen und ihre Vorderbeine, während sie über den Boden laufen, ähnlich wie es Ameisen oder Wespen tun. Die Eikokons sind wie flache Scheiben geformt, glänzen metallisch und sind gewöhnlich unter einem Stein befestigt. Die abgebildete Art ist 9 mm lang und lebt in den Wüstengebieten von Arizona. *C. occidens* aus den Wüstengebieten im Südwesten der USA ist eine auffällige Art mit einem leuchtend orangen Abdomen und einem glänzend schwarzen Carapax, der einen weißen Mittelstreifen trägt.

VERBREITUNG: USA, viele Arten sind weit verbreitet.

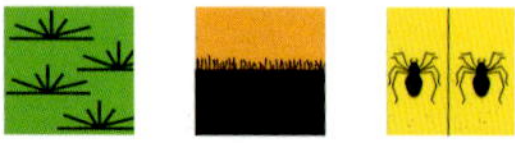

Zuniga magna

BESCHREIBUNG: Die Oberseite von Beinen, Thorax und Abdomen dieser glänzend schwarzen, 13 mm langen Spinne sind teilweise von kurzen, goldenen Härchen bedeckt. Etwa in der Mitte des Hinterleibs befindet sich ein Streifen aus fünf weißen Flecken. Die Kopfoberseite ist stark abgeflacht, und die Cheliceren ragen hervor. Wie bei den meisten Spinnen, die Ameisen nachahmen, werden die Vorderbeine hochgehoben und dauernd bewegt, wenn die Spinne läuft; dadurch werden die ständig tastenden Antennen einer Ameise nachgeahmt.
VERBREITUNG: Regenwälder im östlichen Brasilien

Anyphaena accentuata

BESCHREIBUNG: Weibchen und Männchen (Abbildung) sind strohfarben. Beim Männchen sind die Seiten des Abdomens und des Carapax dunkel mit vier schwarzen Punkten in der Mitte der hinteren Abdomenhälfte. Das Weibchen ist dicker und erscheint viel heller, weil ihrem Abdomen die dunklen Seiten fehlen. Diese Art jagt im Laub von Bäumen, besonders von Eichen, nach Beute. Bei der Werbung erzeugt das Männchen ein summendes Geräusch, indem es mit der Spitze seines Abdomens schnell gegen ein Blatt klopft. Das Weibchen legt seine Eier in ein Nest aus mehreren Blättern, die mit Seidenfäden zusammengehalten werden. In den USA leben rund 20 *Anyphaena*-Arten meist unter Steinen oder Baumstämmen, zwischen Gräsern und Büschen.
VERBREITUNG: Europa und Asien

PLATT- ODER GLATTBAUCHSPINNEN FAMILIE GNAPHOSIDAE UND DRASSODIDAE

Weltweit umfaßt diese Spinnenfamilie mehr als 2000 vorwiegend braune oder schwarze Arten. Die äußeren Spinnwarzen sind relativ lang und röhrenförmig und liegen weit voneinander getrennt. Die acht Augen sind sehr klein, denn diese nächtlichen Jäger verlassen sich beim Aufspüren ihrer Beute eher auf ihren Geruchs- und Tastsinn als auf ihren Gesichtssinn. Die meisten Arten verbringen den Tag unter Baumstämmen oder Steinen und tauchen erst nachts aus ihrem Versteck auf, um zu jagen und sich zu paaren.

SCOTOPHAEUS BLACKWALLI

BESCHREIBUNG: Diese 9 mm lange Spinne erinnert mit ihrem flaumigen braunen Körper und ihren huschenden Bewegungen an eine kleine Maus. Das „Fell" glänzt ein wenig fettig, und der dunkelbraune Carapax verjüngt sich nach vorne. Die Spinnwarzen stehen als zwei kleine Buckel unter dem Abdomen hervor. Man sieht die Spinne gewöhnlich auf der Suche nach Beute langsam auf Hauswänden herumwandern. Das abgebildete Weibchen bewacht seinen weißen Eikokon unter einem Stein.

VERBREITUNG: Europa, weite Teile Asiens sowie Nordamerika

Drassodes lapidosus

BESCHREIBUNG: Der Carapax dieses 14 mm langen Weibchens (Abbildung) ist grau- bis rotbraun; er trägt einen schwarzen Mittelstreifen und ist dicht mit kurzen Haaren bedeckt. Das gedrungene, eiförmige Abdomen ist ähnlich gefärbt, weist aber in der Mitte häufig ein dunkles Band auf (das der abgebildeten Spinne fehlt). Die Cheliceren sind glänzend schwarzbraun und relativ groß. Das Männchen entspricht dem Weibchen im Aussehen, ist jedoch 3 mm kleiner. Die Spinne verbringt den Tag in einem seidenen Sack oder einer Röhre unter Steinen oder lockerer Baumrinde; nachts geht sie auf Insektenjagd. In den USA gibt es sechs *Drassodes*-Arten. Die häufige *D. neglectus* ist eine gelbe oder hellgraue Spinne mit undeutlichen Winkeln auf der hinteren Abdomenhälfte.
VERBREITUNG: Europa, östlich bis Japan sowie in Nordafrika

Zelotes apricorum

BESCHREIBUNG: Diese schwarze, glänzende Spinne ist eine von vielen ähnlich aussehenden, 6–9 mm langen Arten, die es in Europa (allein in Frankreich sind es mehr als 50 Arten) und den USA (etwa 30 Arten, darunter viele eher dunkelbraun als schwarz) gibt. Der Carapax verjüngt sich nach vorne hin deutlich, so daß die Augen eng zusammenstehen. Diese Spinnen leben unter Baumstämmen und Steinen und gehen nachts auf Jagd.
VERBREITUNG: Europa und im größten Teil des gemäßigten Asiens

JAGDSPINNEN FAMILIE SPARASSIDAE

Dies ist eine vorwiegend tropische Familie von im allgemeinen großen, abgeflachten Spinnen mit langen Beinen. Sie halten ihre beiden Vorderbeinpaare oft krabbenartig zur Seite gestreckt, doch anders als die echten Krabbenspinnen (Thomasidae) tragen sie Zähne auf ihren Cheliceren. Manchmal wird diese Familie auch als Heteropodidae bezeichnet.

MICROMMATA VIRESCENS

Grüne Huschspinne

BESCHREIBUNG: Das Weibchen (Abbildung) erreicht eine Länge von 14 mm und lauert oft, auf Blättern hockend, auf Beute. Die Beine und der Carapax sind leuchtend dunkelgrün, das Abdomen ist hingegen eher gelbgrün und trägt ein dunkleres grünes Herzmal. Das Männchen mißt nur 9 mm und ist sehr hübsch; es unterscheidet sich deutlich vom Weibchen. Seine Beine und sein Carapax sind dunkel mattgrün, doch sein schlanker Hinterleib ist golden mit einem breiten roten Mittelband und roten Seiten.

VERBREITUNG: Europa, östlich bis Japan

Holconia immanis

BESCHREIBUNG: Diese große Spinne ist häufig in Häusern anzutreffen, doch sie lebt auch in Wäldern auf Bäumen. Die Grundfarbe ist graubraun, wobei die Beine hell-dunkel gebändert sind; über die Vorderhälfte des Abdomens zieht sich ein dunkelbraunes Herzmal. Die Spinne ist ein kraftvoller Jäger und greift große Insekten, andere Spinnen und selbst Eidechsen an. Das 34 mm lange Weibchen wagt sich an Beutetiere bis zu einer Länge von 10 cm heran. Das Männchen ist kleiner und lebt während der Paarungszeit eine Weile mit dem Weibchen zusammen. Gelegentlich werden Menschen gebissen, doch der Biß ist nicht gefährlich, wenn auch recht schmerzhaft.

VERBREITUNG: Ursprünglich in Australien, aber nach Neuseeland eingeschleppt

Pandercetes gracilis

BESCHREIBUNG: Der abgeplattete Körper ist fleckig grau-braun, die Beine tragen weiße Haarbüschel. Die Färbung läßt die Spinne mit der flechtenbewachsenen Baumrinde verschmelzen, auf der sie den Tag verbringt, wobei ihr der Haarbesatz von Körper und Beinen hilft, jeden Schattenwurf zu vermeiden. Das Weibchen (Abbildung) erreicht eine Länge von 19 mm und bewacht seinen flachen, scheibenförmigen Eikokon. Es versucht, ihn zu tarnen, indem es in die Seide auf der Oberfläche einige Flechtenstückchen einwebt.

VERBREITUNG: Australien (tropisches Queensland) und Neu-Guinea

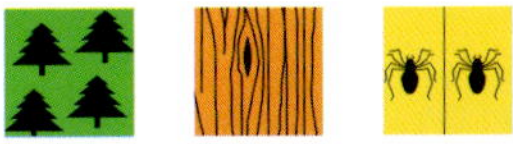

FAMILIE SELENOPIDAE

Diese kleine Familie umfaßt rund 400 Arten sehr stark abgeflachter, grauer oder brauner Spinnen, die unter Steinen oder auf Felsen leben. Die Anordnung der Augen – sechs in einer einzigen Reihe – ist charakteristisch für diese Familie.

SELENOPS RADIATUS

BESCHREIBUNG: Dies ist eine von nur vier Arten dieser Gattung in den USA. Die abgebildete Spinne wurde in der Arizona-Wüste aufgenommen. Der Körper und die Beine sind stark dunkel- und hellbraun gesprenkelt, so daß die Spinne nur sehr schwer zu erkennen ist, wenn sie sich gegen die rauhe Oberfläche eines Felsens drückt. Während sie darauf wartet, daß eine geeignete Mahlzeit vorbeikommt, hockt sie mit dem Kopf nach unten, flüchtet aber, wenn sie gestört wird, bemerkenswert rasch in eine Felsspalte. Mehrere Arten sind häufig in Häusern anzutreffen; sie leben hinter Bilderrahmen, Kühlschränken, Möbeln oder Toilettensitzen.

VERBREITUNG: In warmen Regionen, einschließlich den südlichen USA, weit verbreitet.

FAMILIE HERSILIIDAE

Diese Familie umfaßt rund 75 vorwiegend tropische Spinnenarten, die auf Baumstämmen und rauhen Felsen leben. Sie sind leicht an ihrem fast dreieckigen Abdomen und an dem Paar außergewöhnlich langer Spinnwarzen zu erkennen, das wie zwei Schwänze über den Hinterleib hinausragt.

HERSILIA BICORNUTUS

BESCHREIBUNG: Wie bei allen Vertretern dieser Familie macht es die bräunlich oder gräulich gesprenkelte Grundfärbung sehr schwierig, die Spinne zu entdecken, wenn sie kopfunter an einem Baumstamm sitzt. Die linsenförmigen Eikokons sind von weißer Seide bedeckt, in die das Weibchen Rinden- oder Flechtenstückchen einwebt, die es mit seinen Cheliceren abbeißt. Wenn ein Insekt vorbeikommt, fesselt die Spinne es an den Stamm, indem sie in Kreisen um ihre Beute herumläuft, wobei sie aus ihren langen Spinnwarzen Seide ausscheidet. Man findet die Art häufig in den weniger dichten Waldregionen, an Straßenrändern oder rund um Lichtungen.

VERBREITUNG: Südeuropa und Afrika

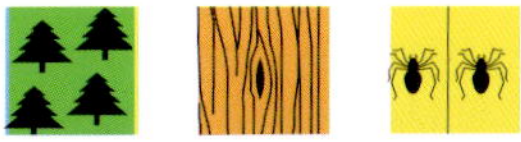

KRABBENSPINNEN FAMILIE THOMASIDAE UND LAUFSPINNEN FAMILIE PHILODROMIDAE

Die Spinnen in diesen beiden Familien sehen krabbenartig aus und bewegen sich auch so: Sie laufen ebenso leicht nach vorn wie zur Seite oder rückwärts. Die Männchen sind häufig kleiner als die Weibchen, haben aber im Verhältnis zum Körper viel längere Beine. Die Vertreter dieser Familien bauen keine Netze, um Beute zu fangen, sondern lauern ihr stattdessen auf Blüten, Blättern, Felsen oder auf dem Boden auf. Mehr als 2000 Arten sind beschrieben worden, die meisten in den Tropen.

PHILODROMUS DISPAR

BESCHREIBUNG: Diese Laufspinne kann man oft im Inneren von Häusern beobachten. Häufig ist sie aber auch auf Bäumen in bewaldeten Gebieten und auf Gesträuch in Gärten anzutreffen. Das Männchen (Abbildung) besitzt einen schlanken Körper mit irisierend schwarzem Carapax und Abdomen sowie weißen Seiten. Das Weibchen sieht völlig anders aus. Es hat ein birnenförmiges braunes Abdomen sowie einen braunen Carapax mit dunklen Bändern auf beiden Seiten und einem weißen Rand. Man findet es oft mit gespreizten Beinen auf seinem weißen Eikokon in einer Mauerecke sitzend.

VERBREITUNG: Europa, in großen Teilen Asiens sowie in Nordamerika

Tibellus oblongus

BESCHREIBUNG: Diese langgestreckte, dünne Laufspinne sitzt oft kopfunter auf Gräsern, wo sie sehr schwer zu entdecken ist. Körper und Beine sind strohfarben, und ein hellbrauner Mittelstreifen zieht sich über das ganze Abdomen. Kurz vor der Abdomenspitze befindet sich ein Paar schwarzer Flecken. Die Weibchen messen 9 mm, die Männchen etwas weniger. Man findet die Weibchen häufig rittlings auf ihren seidenen Eikokons hocken, die an einem Pflanzenstengel befestigt sind.

VERBREITUNG: Europa, östlich bis Japan sowie in einem Großteil Nordamerikas

Xysticus gulosus

BESCHREIBUNG: Dies ist eine der mehr als 70 Arten, die man in den USA findet; 17 Arten kommen in Europa vor. Fast alle sind annähernd so groß und so gefärbt wie das 8 mm lange Weibchen auf der Abbildung. Bei vielen Arten ist das Abdomen stärker mit dunklen Winkeln gezeichnet; ein oder zwei Arten sind auch gefleckt. Bei einigen spinnen die winzigen dunkelbraunen Männchen vor der Paarung über Kopf und Beine des Weibchens einen Brautschleier. Die Weibchen bewachen ihren weißen Eikokon, der an Pflanzen angeheftet wird. Wenn man sie auch häufig auf Blüten findet, verbringen die Vertreter dieser Gattung viel Zeit auf Blättern, Steinen oder Sand, wo sie auf Beute lauern.

VERBREITUNG: Im größten Teil der USA mit Ausnahme der Wüstengebiete im Südwesten

Thomisus onustus

BESCHREIBUNG: Die Weibchen dieser hübschen Spinnenart können rosa, hellgelb oder weiß gefärbt sein. Die rosa Form findet man fast stets auf rosa Blüten, besonders Heidekraut; die hellgelbe oder die weiße Form suchen sich hingegen nicht immer einen passenden Hintergrund aus. Das Weibchen (Abbildung) hat ein sehr plumpes, fast dreieckiges Abdomen mit zipflig ausgezogenen oberen Ecken. Rechts und links neben den Augen befindet sich je eine hornartige Erhebung. Die Weibchen erreichen eine Länge von 8 mm, die bräunlich-orangen Männchen sind hingegen winzig.
VERBREITUNG: Europa, östlich bis nach Japan und in Nordafrika

Thanatus formicinus

BESCHREIBUNG: Die Grundfärbung dieser langbeinigen Laufspinne ist hellbraun. Vorn auf dem Abdomen befindet sich eine recht langgestreckte, dunkelbraune diamantförmige Zeichnung, die weiß umrandet ist. Über die Mitte des Carapax zieht sich ein breites, hellbraunes Band. Das Männchen mißt 6 mm, das Weibchen 11 mm. Diese Art jagt ihre Beute auf Baumstämmen, Felsen, im Gras und zwischen Sträuchern.
VERBREITUNG: Europa, in Teilen Asiens und im größten Teil Nordamerikas

Misumena vatia

Veränderliche Krabbenspinne

BESCHREIBUNG: Man findet diese Art auf gelben wie auf weißen Blüten, weil das bis zu 10 mm lange Weibchen seine Körperfarbe von Gelb nach Weiß (und wieder zurück) verändern kann, je nachdem, wie die Blüte gefärbt ist, auf der es sitzt. Die Seiten ihres Abdomens sind oft rot gestreift. Das kleine, dunkelbraune Männchen kann seine Färbung nicht verändern. Diese Art verfügt über ein sehr starkes Gift, und Insekten erliegen ihm sehr schnell.
VERBREITUNG: Europa, östlich bis Japan, in Nordafrika und Nordamerika

Phrynarachne rugosa

BESCHREIBUNG: Die Runzeln und Warzen, die glänzende Oberfläche und die fleckige Färbung lassen diese seltsame Spinne wie eine perfekte Nachahmung von frisch abgesetztem Vogelkot erscheinen. Das 9 mm lange Weibchen (Abbildung) sitzt Tag um Tag bewegungslos vor aller Augen auf einem Blatt. Es wartet nicht nur passiv auf Beute, die zufällig vorbeikommt, sondern strömt einen besonderen, an einen Dunghaufen erinnernden Duft aus, der bestimmte Fliegenarten in den Bereich seiner zupackenden Vorderbeine lockt.
VERBREITUNG: Tropisches Afrika und Madagaskar

Synema globosum

BESCHREIBUNG: Das kleine, glänzende und fast kugelrunde Abdomen dieses Weibchens kann rot-schwarz (Abbildung), schwarz-gold oder schwarz-gelb gezeichnet sein. Die schwarze Zeichnung auf dem Abdomen erinnert an ein menschliches Gesicht. Der Carapax ist schwarz, was mit den hellbraunen Augen kontrastiert. Die Weibchen erreichen eine Länge von 6 mm, und sind vornehmlich auf Blüten zu finden. Die kleinen schwarzen Männchen tragen einen weißen Balken auf dem Abdomen. In den USA gibt es drei *Synema*-Arten. Bei *S. parvula* sind Beine und Carapax gelblich-orange gefärbt, und das Abdomen ist gelb mit einer schwarzen Spitze. Diese Art ist in den Oststaaten häufig.

VERBREITUNG: Von Südeuropa bis zum gemäßigten Asien sowie in Japan und Nordafrika

Camaricus formosus

BESCHREIBUNG: Der ziemlich hoch aufgewölbte Carapax ist tiefrot und kontrastiert mit den milchig weißen, recht gespenstisch wirkenden Augen. Das glänzende Abdomen ist länger als breit und trägt auf einem weißen Untergrund eine Art schwarzer Halloween-Maske, die in eine rote Spitze ausläuft. Die Beine sind durchscheinend grau-weiß mit einigen schwarzen Flecken. Das Weibchen (Abbildung) kann eine Länge von 9 mm erreichen. Diese Art gehört zu einer Reihe kleiner, glänzender Krabbenspinnen, die sich ausschließlich von Ameisen ernährt.
VERBREITUNG: Indien bis Java sowie in Vietnam

Stephanopis altifrons

BESCHREIBUNG: Das rauhe Äußere dieser fast quadratischen Krabbenspinne paßt perfekt zur Struktur der Rinde, auf der sie gewöhnlich lebt. Sie zwängt sich tagsüber oft in einen Rindenspalt, so daß sie kaum noch zu sehen ist. Die allgemeine Färbung ist grau-braun. Nachts jagt sie auf der Rinde nach Insekten. Das Weibchen, das eine Länge von 11 mm erreicht, versteckt seinen Eikokon in einer Rindenspalte. Wie *Pandercetes gracilis* und *Hersilia bicornutus* tarnt es seinen Kokon mit Rindenstückchen.
VERBREITUNG: Ostaustralien

SPRING- ODER HÜPFSPINNEN FAMILIE SALTICIDAE

Eine große Familie mit mehr als 5000 Arten, meist aus den Tropen. Viele Männchen funkeln in irisierenden Farben wie Edelsteine und haben kaum Ähnlichkeit mit den durchweg eintöniger gefärbten Weibchen. Die meisten Arten sind recht klein, die größte mißt 35 mm. Alle Springspinnen haben acht Augen: Zwei große blicken nach vorn und können noch aus 50 cm Entfernung ein scharfes Bild erstellen. Die übrigen Augen sind kleiner und dienen der Wahrnehmung von Bewegungen, um die Position der Beute zu erfassen. Diese Spinnen können eine Strecke überspringen, die im Extremfall dem Dreißigfachen ihrer Körperlänge entspricht.

SALTICUS SCENICUS

Harlekinspringspinne, Zebraspringspinne, Mauer-Hüpfspinne

BESCHREIBUNG: Diese schwarz-weiße, 6 mm lange Spinne pirscht gewöhnlich an Hauswänden und auf Fensterbrettern herum. Sie ist rund um Häuser und in Hinterhöfen besonders häufig, doch man findet sie auch auf Felsen und Bäumen in unbewohnten Gebieten. Das Weibchen (Abbildung) bewacht seinen Eikokon, der gewöhnlich unter einem Stein, einer Holzplanke, einem Blumentopf oder ähnlichem abgelegt wird. Der Carapax ist schwarz mit zwei weißen Flecken, während das schwarze Abdomen einen weißen vorderen Rand und weiter hinten zwei Paar schräg zur Mitte hin laufende weiße Streifen trägt. Die Männchen besitzen ausgeprägte, lange Kieferklauen.

VERBREITUNG: Europa, in großen Teilen Asiens sowie in Nordamerika

Plexippus paykulli

BESCHREIBUNG: Das sehr breite, quadratische Gesicht dieser attraktiven kleinen, 11 mm langen Spinne ist mit waagerechten weißen und schwarzen Streifen geschmückt. Der Carapax ist vorwiegend schwarz mit einem hellen Mittelstreifen, das Abdomen schwarz mit einem oder zwei Mittelstreifen, die manchmal teilweise in Punkte aufgebrochen und weiß gerandet sind. Springspinnen greifen oft Beutetiere an, die viel größer und kräftiger sind als sie selbst, wie auf der Abbildung zu sehen. Dort hat die Spinne eine Laubheuschrecke erbeutet.
VERBREITUNG: In den meisten wärmeren Regionen der Welt, einschließlich des Südens der USA (von Georgia und Florida westwärts bis Texas)

Eris aurantius

BESCHREIBUNG: Diese Art ist, was ihr Äußeres angeht, sehr variabel. Der Körper ist über und über mit irisierenden Schuppen bedeckt, so daß sie je nach Blickwinkel ganz

unterschiedlich gefärbt erscheint. Insgesamt schimmert die Spinne dunkel bronzefarben. Auf beiden Seiten des Carapax trägt sie ein breites oranges Band, wenn dieses Band manchmal auch wie bei dem abgebildeten Exemplar sehr hell sein kann. Auf der Oberseite des Abdomens befinden sich zwei oder drei Paar weißer und gewöhnlich zwei Paar oranger Flecken, die beim Männchen weniger auffällig sind. Weibchen erreichen eine Länge von 11 mm, Männchen sind nur wenig kleiner.
VERBREITUNG: Mittelamerika und im Süden der USA, von Florida bis Arizona und nach Norden bis Delaware und Illinois

Lyssomanes viridis

BESCHREIBUNG: Das 11 mm lange Weibchen (Abbildung) ähnelt durchweg dem Männchen. Die Beine und der Carapax sind leuchtend grün gefärbt, und die Augen sitzen innerhalb eines rechteckigen Flecks, der Streifen aus roten, braunen und weißen (manchmal auch nur hellbraunen) Schuppen enthält. Das schlanke, spitz zulaufende Abdomen ist bräunlicher grün gefärbt. Die Männchen besitzen große gebogene Kieferklauen, die weit nach vorne aus dem Gesicht heraustreten und von den noch längeren Kiefertastern überragt werden.

VERBREITUNG: Mittelamerika und Karibik sowie im Südosten der USA (North Carolina südwärts bis Florida und westwärts bis Texas)

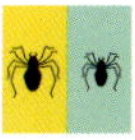

Phidippus johnsoni

BESCHREIBUNG: Der Carapax ist bei beiden Geschlechtern dieser attraktiven Art schwarz. Beim Männchen ist das Abdomen auffällig leuchtend rot mit einem schwarzen Hinterrand. Bei dem 9 mm langen Weibchen (Abbildung) ist das Rot gedämpfter und tritt nur als Band in der Mitte des schwarzen Abdomens oder längs der Abdomenränder auf. Das Gesicht weist einen kleinen Schnurrbart aus weißen Haaren auf. Die Beine sind schwarz und tragen bei den Männchen große Büschel weißer Haare.

VERBREITUNG: Im Süden der USA, von North Dakota südwärts bis Texas und über die Staaten an der Pazifikküste

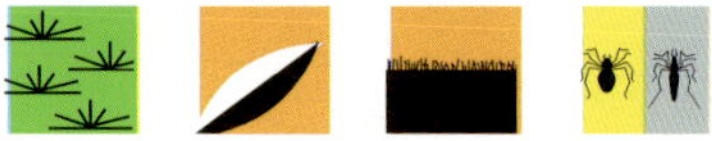

Helpis minitabunda

BESCHREIBUNG: Bei beiden Geschlechtern ist das Abdomen lang und schlank und der Carapax breit und hoch. Die Männchen schimmern irisierend bronze-braun, die sehr langen schwarzen Beine haben weiße Gelenke. Diese langen Beine werden bei Kämpfen unter Männchen eingesetzt, wie auf der Abbildung zu sehen ist. Das Weibchen ist heller gefärbt und hat kürzere Vorderbeine. Man findet es häufig in einem Nest, bestehend aus einer Seidendecke, die ein Dach über einem Blatt bildet.

VERBREITUNG: Ostaustralien und Neuseeland

TELAMONIA DIMIDIATA

BESCHREIBUNG: Das Männchen (Abbildung) erreicht eine Länge von beinahe 13 mm. Seine schwarzen Vorderbeine sind mit einem dichten Saum schwarzer Haare versehen. Über die Augen verläuft ein rotes Band, und der schwarze Carapax, der breite weiße Seiten hat, trägt obenauf einen weißen Fleck. Das schlanke, spitz zulaufende Abdomen weist breite schwarzrote und weiße Längsstreifen auf. Das etwas längere Weibchen sieht ganz anders aus; seine Grundfarbe ist ein helles Weißorange, und über die Oberseite des Abdomens laufen zwei schmale orange Streifen. Der Carapax trägt eine Reihe oranger Flecken.

VERBREITUNG: Von Indien bis Indonesien